Engelhorn Bücherei

Kleine Geschichten für Langschläfer

GESAMMELT
UND HERAUSGEGEBEN VON
GÜNTER RÜBER

Engelhorn Verlag Stuttgart

ISBN 3-87203-247-X

Lektorat: Renate Jostmann
Typografische Gestaltung: Brigitte Müller
Druck und Bindearbeiten: Clausen & Bosse, Leck
Printed in Germany

Inhalt

Charles Perrault

Die schlafende Schöne

Es war einmal ein König und eine Königin, die hatten keine Kinder, und waren darüber sehr betrübt. Sie gingen zwar in alle mögliche Bäder; sie sparten keine Gelübde und Geschenke; aber nichts wollte helfen. Endlich wurde die Königin dennoch guter Hoffnung und kam mit einer Tochter nieder. Das war eine Freude; und um diese Tochter recht glücklich zu machen, bat man alle Feen aus dem ganzen Lande, deren sieben waren, zu Gevatterinnen, damit ihr jede, so wie es damals unter den Feen gewöhnlich war, ein Geschenk machen und die Prinzessin auf diese Weise alle nur mögliche Vollkommenheiten erhalten möchte.

Nach der Taufe ging die ganze Gesellschaft in den königlichen Palast, wo man den Feen ein herrliches Gastmahl gab. Jeder legte man ein prächtiges Couvert auf, mit einem Futteral von gediegnem Golde, in welchem Messer, Gabel und Löffel steckten, alles von dem feinsten Golde mit Diamanten und Rubinen besetzt. Da sich die ganze Gesellschaft schon zu Tische gesetzt hatte, öffnete sich die Tür, und eine alte Fee trat herein, die nicht eingeladen worden war, weil sie nun seit länger als funfzig Jahren nicht mehr ausging und weil man glaubte, sie wäre in ihrem Turme gestorben oder festgezaubert. Der König ließ ihr auch ein Couvert auflegen; aber es war unmöglich ihr ein goldenes Gesteck zu geben, wie den anderen, weil er nur sieben für die sieben Feen hatte machen lassen. Die Alte glaubte, es geschehe ihr zum Affront, und murmelte etwas zwischen den Zähnen. Eine junge Fee, die neben ihr saß, hörte es, und vermutete gleich, daß sie der kleinen Prinzessin irgend ein schlimmes Geschenk machen würde. Sie versteckte sich daher, nach aufgehobner Tafel, hinter die Tapete, um ihr Geschenk zuletzt zu geben, und allenfalls das Böse wieder gut zu machen, welches die Alte dem Kinde antun dürfte. Hierauf fingen die Feen an der Prinzessin zu schenken. Die jüngste verlieh ihr vollkommene Schönheit; die zweite, Verstand wie ein Engel; die dritte, Reiz und Anmut in allem, was sie vornähme; die vierte, das Talent schön zu tanzen; die fünfte, wie eine Nachtigall zu singen; die sechste, alle Arten von Instrumenten auf das vollkommenste zu spielen. Als die Reihe an die Alte kam, schüttelte sie mit dem Kopfe und sagte, die Prinzessin solle sich mit einer Spindel in die Hand stechen und daran sterben. Die ganze Gesellschaft erschrak über dieses schreckliche Geschenk, und sie weinten insgesamt wie die Kinder. Aber in dem Augenblicke trat die junge Fee hinter der Tapete hervor, und sagte ganz laut zu dem Könige und der Königin: »Gebt Euch zufrieden; Eure Tochter wird nicht sterben. Es steht zwar nicht in meiner Gewalt, die boshafte Absicht dieser Alten ganz zu vereiteln; die Prinzessin wird sich mit einer Spindel in die Hand stechen; aber statt zu sterben, wird sie in einen tiefen Schlaf fallen, aus welchem sie nach Verlaufe von hundert Jahren durch den Sohn eines Königs aufgeweckt werden wird.« Zum Überflusse ließ der König einen Befehl bekannt machen, durch welchen er jedermänniglich verbot, an der Spindel zu spinnen, oder nur eine Spindel im Hause zu haben, bei Lebensstrafe.

Eines Tages, da die Prinzessin schon etwa funfzehn oder sechzehn Jahre alt war, begaben sich der König und die Königin auf eines ihrer Lustschlösser, und da trug sichs zu, daß die Prinzessin im ganzen Hause, Trepp' auf Trepp' ab, aus einer Stube in die andere lief, und endlich auch in ein kleines Dachstübchen, oben im Turme kam, wo sie ein altes Mütterchen fand, die saß und sponn. Das alte Mütterchen hatte in ihrem Dachstübchen von dem Befehle des Königs kein Wörtchen erfahren. »Was macht ihr denn da?« frug sie die Prinzessin. »I, da spinne ich, schönes Kind«, versetzte die Alte, die die Prinzessin nicht kannte. »Ach, das ist ja allerliebst!« antwortete diese. »Laßt mal sehn, wie ihr's macht? Ich will doch sehn, ob ich es nachmachen kann.« Die Alte gab ihr die Spindel, und wie sie dieselbe in die Hand nahm, stach sie sich damit, denn sie war etwas lebhaft und flattrig, und überdies war es der Wille der Feen, daß es so gehn mußte. Sie stach sich also und sank ohnmächtig nieder.

Die Alte war vor Schrecken außer sich, und schrie nach Hülfe. Man eilte von allen Seiten herbei; man spritzte der Prinzessin Wasser ins Gesicht; man löste ihr die Schnürbrust auf; man rieb ihr Hände und Schläfe mit starken Wassern; alles war umsonst; sie kam nicht wieder zu sich. Der König war indes auch herangekommen und erinnerte sich an die Prophezeiung der Feen; und da er wohl einsah, daß man sich dem Willen der Feen nicht widersetzen könne, so ließ er die Prinzessin in das schönste Zimmer des Palastes tragen und auf ein prächtiges mit Gold und Silber durchwebtes Bett legen. Sie war schön wie ein Engel; denn die Ohnmacht hatte ihrer Farbe nichts von ihrem Glanze entzogen; ihre Wangen blühten wie Rosen und ihre Lippen wie Korallen. Nur die Augen hatte sie geschlossen: aber man hörte sie leise atmen und sah daraus gar wohl, daß sie nicht tot war. Der König befohl, sie ruhig schlafen zu lassen, bis die Stunde ihres Erwachens gekommen wäre.

Die gute Fee, die ihr das Leben gerettet hatte, indem sie sie zu einem hundertjährigen Schlafe verdammte, befand sich eben in dem

Königreich Mataquin, zwölftausend Meilen von dem Orte, wo sich diese Begebenheit zutrug; aber sie erhielt in wenig Augenblicken durch ihren Zwerg Nachricht davon, der Siebenmeilenstiefel anhatte - dies waren Stiefeln, mit denen man auf jeden Schritt sieben Meilen machte. Die Fee reiste nun auf erhaltne Nachricht sogleich ab, und kam in weniger als einer Stunde auf einem feurigen mit Drachen bespannten Wagen an.

Der König reichte ihr die Hand und hob sie aus dem Wagen. Sie billigte alles, was er getan hatte; aber bei ihrer außerordentlichen Vorsicht fiel ihr ein, daß, wenn die Prinzessin aufwachte, und sich in dem alten Schlosse allein fände, sie in große Verlegenheit geraten würde. Sie fand auch dafür ein Mittel. Sie berührte, außer dem Könige und der Königin, alles mit ihrem Zauberstabe, die Oberhofmeisterin, die Hofdamen, die Kammerfrauen, Kammerherrn, Offiziere, Haushofmeister, Köche, Küchenjungen, Schweizer, Pagen und Lakaien; sie berührte auch die Pferde im Marstalle, samt den Reitknechten, die Hofhunde und den kleinen Mimi, das Schoßhündchen der Prinzessin, das neben ihrem Bette lag. So wie sie etwas berührte, schlief es ein, um zugleich mit der Prinzessin wieder aufzuwachen, und sie zu bedienen, wenn sie etwas nötig hätte. Auch die Bratspieße in der Küche, die voll Rebhühner und Fasanen staken, schliefen ein, und auch das Feuer schlief ein. Alles das geschah in einem Augenblicke; denn die Feen machen in allem was sie tun kurzes Federlesen.

Hierauf küßten König und Königin ihre Tochter noch einmal, ohne daß sie davon aufwachte; verließen das Schloß und geboten durch ein Edikt daß sich niemand demselben nähern sollte. Aber auch dieses Verbot war unnötig. Denn in weniger als einer Viertelstunde wuchs rund um das Schloß eine so große Menge Bäume und Sträuche, Dornen und Disteln, und diese waren so ineinander verflochten, daß weder Menschen noch Vieh durchpassieren konnte. Nur noch die Turmspitze guckte heraus und auch die sahe man nur in einer ziemlichen Entfernung. Man hatte allen möglichen Grund zu glauben, daß auch dieses ein Werk der Fee sei, damit die Prinzessin während ihres Schlafs nichts von neugierigen Leuten zu fürchten hätte.

Nach Verlauf von hundert Jahren ging der Sohn des regierenden Königs, der aus einer andern Familie war als die schlafende Prinzessin, auf die Jagd, und da es sich traf, daß er in die Gegend des Waldes kam, wo das Schloß lag, frug er, was das für Türme wären, die aus dem Dickicht des Waldes hervorragten. Jeder antwortet ihm so gut er konnte, und was er selbst davon gehört hatte; der eine sagte, es wäre ein altes Schloß, worin es spukte; der andere, es wäre der Sammelplatz aller Zauberer aus dem ganzen Lande; die gemeinste Meinung aber war, daß ein Popanz darin wohnte, der alle kleinen Kinder raubte, die ihm in den Wurf kämen, und sie dort ruhig verzehre, weil ihm niemand nachfolgen könnte und er allein den Weg durch das dicke Gebüsch wußte. Endlich aber nahm ein alter Bauer das Wort und sagte zu dem Prinzen: »Durchlauchtiger Prinz, es ist nun länger als funfzig Jahre, daß ich meinen Vater habe sagen hören, es läge in diesem Schlosse eine wunderschöne Prinzessin, welche hundert Jahre schlafen und dann von einem Prinzen aufgeweckt werden sollte, dem sie bestimmt wäre.« Als der Prinz dies hörte geriet er

in Feuer und Flammen; und zweifelte keinen Augenblick, daß er bestimmt sei, dieses schöne Abenteuer zu bestehen. Er beschloß, sich auf der Stelle näher davon zu unterrichten.

Er näherte sich dem Gebüsche, und bei jedem Schritte, den er tat, machten ihm die Dornen und Disteln von selbst Platz und ließen ihn durch. So kam er endlich an das Schloß, welches er an dem äußersten Ende einer langen Allee liegen sah. Keiner von seinen Leuten hatte ihm folgen können, weil die Bäume und Sträucher es ihnen nicht erlaubt hatten, sondern immer näher zusammengerückt waren. Ungeachtet er sich ein wenig hierüber wunderte, so setzte er dennoch seinen Weg weiter fort; denn einem jungen und verliebten Prinzen fehlt es niemals an Mute. Er kam hierauf in einen großen Vorhof, wo ihm doch beinahe der Mut vergangen wäre.

Allenthalben herrschte das schrecklichste Stillschweigen; allenthalben sah man das Bild des Todes. Eine Menge Körper von Menschen und Tieren lagen hier ausgestreckt. Er hielt sie anfänglich für tot; aber an den kupfrigten Nasen der Schweizer und ihren roten Gesichtern sah er, daß sie nur schliefen; und aus den Gläsern, die neben ihnen standen und in welchen sich noch einige Tropfen befanden, sah er, daß sie während des Trinkens eingeschlafen waren. Er kam hierauf in einen andern großen Hof, der mit Marmor gepflastert war. Er stieg die Treppe hinauf; und kam in den Wachsaal, wo die Garden in einer Reihe standen, die Karabiner auf den Schultern hatten, und laut schnarchten. So ging er durch mehrere Zimmer, in denen er eine Menge Herren und Damen fand, die alle schliefen, einige sitzend, andere stehend.

Endlich kam er in ein schönes Zimmer, das über und über vergoldet war; hier sah er auf einem Bette, dessen Vorhänge auf allen Seiten offen waren, das schönste Schauspiel von der Welt; eine Prinzessin von etwa funfzehn oder sechzehn Jahren, die in ihrem Gesicht etwas Zärtliches und Verklärtes zu haben schien. Zitternd und voll Verwunderung näherte er sich ihr und sank neben dem Bette auf die Knie. In diesem Augenblick endigte sich die Bezauberung. Die Prinzessin wachte auf und sah ihn mit so zärtlichen Augen an, als hätte sie ihn schon lange gesehen. »Sind sie es, mein Prinz«, sagte sie zu ihm; »Sie haben lange auf sich warten lassen.« Der Prinz war entzückt über diese Worte und noch mehr über die Art, mit der sie sie vorbrachte. Er wußte gar nicht, wie er ihr seine Freude und Erkenntlichkeit bezeigen sollte. Er versicherte also, daß er sie mehr als sich selbst liebte. Seine Worte waren schlecht gesetzt, aber sie gefielen der Prinzessin nur um destomehr; denn je verliebter man ist, desto unberedter ist man. Er war überhaupt in weit größerer Verlegenheit als sie, und das ging auch sehr natürlich zu; denn sie hatte Zeit genug gehabt über ihr Reden nachzudenken, und es ist sehr wahrscheinlich, obgleich die Geschichte nichts davon sagt, daß die gute Fee sie die ganze Zeit über mit angenehmen Träumen unterhalten habe, um ihr den langen Schlaf zu verkürzen. Und in der Tat hatte sie diese Zeit so gut angewandt, daß sie vier Stunden lang mit einander sprachen, ohne sich auch nur die Hälfte von dem gesagt zu haben, was sie sich zu sagen hatten.

Indessen war zugleich mit der Prinzessin alles im Schlosse aufgewacht; jedes war wieder an seine Arbeit gegangen, und da sie nicht alle verliebt waren, so fühlten sie einen erschrecklichen Hunger. Die Hofdame welche den Dienst hatte, und ebenso hungrig war, wie die andern, sagte der Prinzessin einmal über das andre, die Suppe wäre aufgetragen. Der Prinz half ihr endlich vom Bette auf. Sie war ganz angezogen und in den reichsten Kleidern; aber er sagte ihr freilich nicht, daß sie in der Zeit etwas altmodisch geworden wären; denn sie hatte noch einen hohen steif stehenden Kragen, wie seine Urgroßmutter getragen hatte. Sie war aber deswegen nicht weniger schön.

Sie gingen nun zusammen in den Spiegelsaal und setzten sich zur Tafel, wobei die Hofbedienten der Prinzessin aufwarteten.

Während der Mahlzeit wurde Musik gemacht und die Kapelle spielte einige Stücke, die vortrefflich waren, ob man sie gleich seit hundert Jahren nicht mehr gespielt hatte. Nach aufgehobener Tafel traute sie der Hofkapellan in der Schloßkirche und die Hofdamen brachten die Prinzessin zu Bette. Sie schliefen wenig, denn die Prinzessin hatte des Schlafs nicht nötig und der Prinz stand bei Anbruche des Tages auf und kehrte nach der Stadt zurück, wo sein Vater wegen seines Ausbleibens in großer Angst war.

Der Prinz gab vor, sich auf der Jagd in dem Walde verirrt zu haben; und da habe ihn ein Köhler in seine Hütte aufgenommen und mit schwarzem Brode und Käse bewirtet. Der König war ein sehr guter Mann und glaubte es, aber die Königin war nicht so leicht zu bereden; und da sie sah, daß er fast alle Tage auf die Jagd ging und immer eine Ausflucht hatte, wenn er in zwei oder drei Nächten nicht nach Hause gekommen war, so schöpfte sie Verdacht und fiel auf die Vermutung, er müsse irgendwo ein Liebchen haben; denn er lebte länger als zwei Jahre mit der Prinzessin auf diesem Fuße, und sie schenkte ihm zwei

Kinder, von denen sie das erste, welches ein Mädchen war, Prinzessin Morgenrot, und das zweite, einen Sohn, Prinz Tag nannten, weil er noch schöner war als seine Schwester.

Die Königin, um ihren Sohn zum Geständnisse zu bringen, sagte mehrmalen zu ihm, daß man sein Leben genießen müsse, und daß man sich seiner Schwachheit in gewissen Punkten nicht zu schämen habe; aber er wagte es nicht, ihr sein Geheimnis anzuvertrauen; denn er fürchtete sie, so sehr er sie auch liebte; weil sie aus einer Popanzenfamilie war, – sein Vater hatte sie bloß ihrer ungeheuren Reichtümer wegen geheiratet. – Man sagte sich auch am Hofe ins Ohr, daß sie alle Begierden der Popanze hätte, und wenn sie kleine Kinder vorbeigehen sähe, sich kaum enthalten könnte, sie zu fressen. Darum wollte ihr der Prinz nichts sagen. Aber da der König nach Verlaufe von zwei Jahren gestorben war und der Prinz nun freie Hände bekam, deklarierte er seine Heirat, und holte seine Gemahlin mit großen Zeremonien aus ihrem Schlosse. Sie zog mit vielem Pompe in die Hauptstadt ein, und hatte ihre beiden Kinder neben sich.

Kurze Zeit darauf bekriegte ihr Gemahl den Kaiser Cantalabutte, seinen Nachbar. Die Verwaltung des Reichs überließ er seiner Mutter und empfahl ihr seine Gemahlin und Kinder auf das dringendste. Er mußte den ganzen Sommer über ausbleiben, und sobald er abgereist war, schickte seine Mutter ihre Schwiegertochter und ihre Enkel in ein entlegenes Landhaus, mitten im Walde, um dort ihren abscheulichen Gelust besser befriedigen zu können.

Einige Tage darauf folgte sie ihnen selbst nach, ließ vor Schlafengehen ihren Haushofmeister zu sich kommen, und sagte zu ihm: »Morgen mittag will ich die kleine Morgenrot speisen.« »Um Gotteswillen, Ihro Majestät!» rufte der Haushofmeister. »Ohne Widerrede«, versetzte die Königin, (sie sagte dies mit dem Tone eines Werwolfs, der nach frischem Fleische lüstert) »und zwar will ich sie mit einer sauern Zwiebelbrühe essen.« Der arme Mann, der wohl sahe, daß die Königin über diesen Punkt keinen Spaß verstand, nahm sein großes Messer und ging in die Kammer der kleinen Morgenrot. Sie war damals vier Jahr alt, und sprung ihm lächelnd an den Hals und bat ihn um Zuckerwerk. Er fing an zu weinen: das Messer fiel ihm aus der Hand, er begab sich in den Hof und schnitt einem jährigen Lamme die Gurgel ab, und machte eine so gute Brühe daran, daß ihm die Königin sagte, sie hätte ihres Lebens so was Gutes nicht gegessen. Zu gleicher Zeit hatte er die kleine Morgenrot mitgenommen, und sie seiner Frau gegeben, um sie in einer geheimen Kammer zu verbergen, welche er unten im Hofe hatte.

Acht Tage drauf sagte die Königin wieder zu ihrem Haushofmeister: »Ich will morgen abend den kleinen Tag essen.« Er antwortete nichts, sondern beschloß, sie wie das erstemal zu betrügen. Hierauf ging er zu dem kleinen Tag, der eben ein Rapier in der Hand hatte und sich mit einem großen Affen herumfocht; und gleichwohl war er erst drei Jahr alt. Er brachte ihn auch seiner Frau, um ihn zu der kleinen Morgenrot zu tun, und statt des kleinen Tags tischte er der Königin ein junges zartes Reh auf, das sie außerordentlich gut fand.

Bis dahin ging alles gut. Aber eines Tages sagte die Königin wieder zu ihrem Haushofmeister: »Morgen will ich die Königin essen, und zwar mit derselben Brühe, wie ihre Kinder.« Diesmal geriet der arme Haushofmeister in eine wahre Verzweiflung, weil er nicht wußte, wie er sie betrügen sollte. Die junge Königin war, ohne die hundert Jahre, die sie verschlafen hatte, etwas über zwanzig Jahre alt, ihre Haut war etwas hart, obgleich weiß und schön; und wo sollte er in dem ganzen Tiergarten ein Tier finden, das ihr gliche? Er faßte also den Entschluß, der Königin ohne Barmherzigkeit die Kehle abzuschneiden, um sein eignes Leben zu retten, und begab sich in dieser Absicht auf ihr Zimmer.

Er suchte sich so viel es ihm möglich war, in Wut zu setzen, und trat mit dem Dolche in der Hand in das Zimmer der jungen Königin. Indessen konnte er es doch nicht über das Herz bringen, sie so sehr zu überraschen, sondern überbrachte ihr den Befehl ihrer Schwiegermutter mit dem größten Respekte. »Wohlan«, sagte sie, und reckte ihm den Hals hin, »vollbringt den Befehl, den man Euch gegeben hat; ich werde meine Kinder wiedersehn; meine armen Kinder, die ihr Raub worden sind, die ich so sehr liebte.« Denn sie hielt sie für tot, weil sie ihr heimlich entführt worden waren. »Nein, nein, Madam«, antwortete der arme Haushofmeister gerührt, »Sie sollen nicht sterben und sollen Ihre Kinderchen doch wiedersehn. Ich will die Königin noch einmal betrügen, und ihr eine junge Hirschkuh an Ihrer Stelle auftischen.«

Er führte sie hierauf in die Kammer, wo ihre Kinder waren, die ihr um den Hals fielen, und er ließ sie hier, um eine Hirschkuh zurechte zu machen, die die Alte auch mit dem größten Appetite aß, als wenn es die junge Königin selbst gewesen wäre. – Sie freute sich innerlich über ihre Grausamkeit, und machte sich gefaßt, dem Könige bei seiner Rückkehr zu sagen, daß seine Gemahlin und seine beiden Kinder von den Wölfen gefressen worden wären.

Als sie aber eines Abends in den Höfen des Schlosses umherschlich, um ihrer Gewohnheit nach frisches Menschenfleisch auszustöbern, hörte sie unten im Saale den kleinen Tag weinen, dem seine Mutter die Rute geben wollte, weil er unartig gewesen war, und zu gleicher Zeit hörte sie auch, daß die kleine Morgenrot für ihren Bruder um Verzeihung bat. Die Königin erkannte die Stimme ihrer Schwiegertochter und ihrer Enkel, und geriet in Wut, weil sie sich betrogen sahe.

Sie befohl sogleich den andern Morgen mit einer fürchterlichen Stimme, vor welcher alles zitterte, eine große Kufe in den Hof zu bringen, und sie mit Kröten, Schlangen und Ottern anzufüllen, um die Königin, ihre Kinder, den Haushofmeister, seine Frau und seine Magd hineinzuwerfen. Sie hatte Befehl gegeben, sie mit gebundenen Händen herbeizuführen; die Henker waren schon im Begriffe, sie in die Kufe hineinzustürzen, als der König, den man sobald nicht erwartet hatte, in den Hof geritten kam. Er war ganz erstaunt über das Schauspiel, zu welchem er hier kam, und frug, was es bedeuten solle? Niemand wagte es, ihm Auskunft darüber zu geben, als seine Mutter sich wütend in die Kufe stürzte, und sogleich von den giftigen Tieren aufgefressen wurde. Der König betrübte sich darüber, denn sie war seine Mutter; aber er tröstete sich bald in den Armen seiner schönen Gemahlin und seiner liebenswürdigen Kinder.

Auf einen Ehemann zu warten einige
Zeit,
Der reich, galant, voll Zärtlichkeit,
Das ist natürlich, fällt nicht schwer.
Doch hundert Jahre warten und im
Schlaf dazu:

Man findet keine Schöne mehr,
Die schliefe in so guter Ruh.
Die Fabel scheint uns weiter zu verstehn
zu geben,
Daß jenes angenehme Band,
das Hymen flicht,
Selbst wenn er damit säumt,
nicht wenger Glück verspricht
und Warten nichts verdirbt im Leben.

Doch liegts den Schönen so im Blut,
Sich eilig einen Mann zu wählen,
Daß mir die Kraft fehlt und der Mut,
Das Warten ihnen zu empfehlen.

GILLES CORROZZET

Bett du bist so köstlich

Bett, du bist köstlich, zart und weich,
Bett, deinen Daunen kommt nichts gleich,
Bett, deine Süße hat's mir angetan,
Bett, dein Bezug – er gleicht dem weißen Schwan.
Bett, deine Laken fein und gut
Erfreu'n den Schläfer, der darinnen ruht.
Bett, deine Decke widersteht
Der Kälte, die durchs Zimmer geht,
Und hüllt die müden Glieder ein.
Oh Bett, des Hauses schönster Schrein!

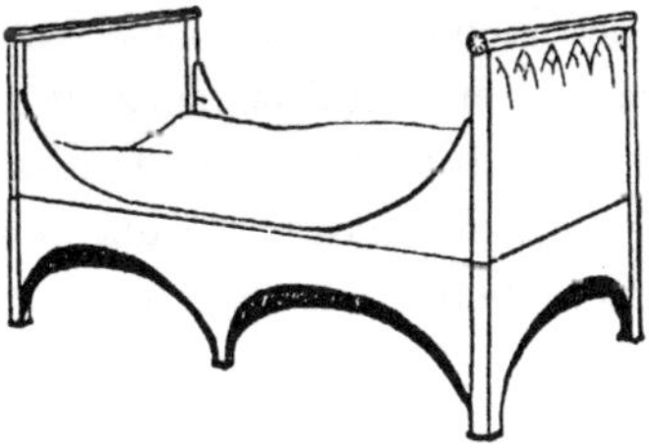

Guy de Maupassant

Das Bett, lieber Freund

Lieber Freund, ich bin krank, fühle mich elend und hüte das Bett. Der Regen peitscht an die Fensterscheiben, und ich bleibe mollig, süß träumend, in den warmen Kissen. Ein Buch liegt vor mir, ein Buch, das ich liebe. Ich fühle, es steht ein Teil meiner selbst darin. Soll ich es Ihnen nennen? Nein. Sie würden schelten. Und dann komme ich auf allerlei Gedanken, wenn ich gelesen habe, und ich will Ihnen sagen, auf welche.

Man hat mir Kissen hinter den Kopf getan, so kann ich sitzen, und ich schreibe Ihnen auf dem süßen kleinen Pult, das ich von Ihnen habe. Da ich nun seit drei Tagen zu Bett liege, so denke ich an mein Bett, und selbst im Schlafe verläßt mich der Gedanke nicht.

Das Bett, lieber Freund, bedeutet unser ganzes Leben. Da kommt man zur Welt, da liebt man, da geht man wieder von hinnen. Wenn ich schreiben könnte wie Herr de Crébillon – so würde ich die Geschichte eines Bettes schreiben. Welch ergreifend schreckliche, welch reizende und rührende Geschichten ließen sich da erzählen! Welche Lehren ließen sich daraus ziehen, welche Nutzanwendung für jedermann! Sie kennen mein Bett, lieber Freund! Sie können sich nicht denken, was ich seit drei Tagen alles daran entdeckt habe und wie ich es lieber gewonnen seitdem. Mir kommt es vor, als sei es bewohnt, ich möchte sagen, als hätte es Umgang mit vielen, vielen Leuten, von deren Existenz ich keine Ahnung gehabt, die dennoch auf diesem Lager ein Stück ihrer selbst gelassen haben.

Ich kann die Menschen nicht begreifen, die ein neues Bett kaufen, ein Bett, an dem keine Erinnerung hängt. Meines - unseres, so alt, so verbraucht, so geräumig wie es ist, hat vielem Menschendasein Raum gewährt von der Wiege bis zum Grabe. Denken Sie, lieber Freund, an alles das. Lassen Sie einmal zwischen den vier Säulen, unter diesem bilddurchwirkten Baldachin uns zu Häupten, der so viel mit angesehen hat, ganze Menschenleben wieder lebendig werden. Dreihundert Jahre ist er alt und was mag er alles erlebt haben!

Da ruht eine junge Frau. Sie stößt von Zeit zu Zeit einen Seufzer aus. Sie stöhnt. Die alten Eltern sind um sie, und da bringt sie ein kleines, runzeliges Wesen zur Welt, das da Tönchen von sich gibt wie ein Kätzchen. Das ist ein Mensch, der seinen Einzug hält. Und die junge Mutter fühlt sich schmerzlich glücklich bewegt. Die Freude überwältigt sie bei diesem ersten Schrei, atemlos streckt sie die Arme ihrem Kinde entgegen, und alle weinen vor Wonne. Denn dies Stück menschliche Kreatur, das von ihr ging, bedeutet das Weiterblühen des Stammes, die Fortpflanzung von Blut, Herz und Seele der Alten, die bebend zuschauen.

Dann wieder finden sich in diesem Schrein des Lebens zwei Liebende zum ersten Male Seite an Seite zusammen. Zitternd, jubelnd fühlen sie sich Brust an Brust, und mählich nähert sich Mund dem Munde. Der göttliche Kuß eint sie, der Kuß, der die Pforte ist des Himmels auf Erden, der Kuß, der da singt von der Menschen Wonnen, der sie verspricht und mehr gibt, als er verkündet. Und ihr Bett flutet an, wie wildbewegtes Meer, ebbt und murmelt, scheint selbst freudiges Leben zu leben, denn in ihm vollzieht sich das sinnverwirrende Rätsel der Liebe. Gibt es Süßeres, Größeres auf dieser Erde als dieses Band, das zwei Wesen zu einem verknüpft, das beiden im gleichen Augenblick gleichen Wunsch, gleiche Hoffnung, gleiche rasende Wonne eingibt, die sie wie ein zehrendes, himmlisches Feuer durchschießt?

Erinnern Sie sich noch der Verse, die Sie mir voriges Jahr vorlasen aus irgend einem alten Dichter - wer war's? - Vielleicht der liebliche Ronsard?

Und wenn wir verschlungen liegen
In den Kissen ganz verschwiegen,
Wollen wir uns heimlich necken,
Schäkernd nach Verliebter Weise
Treiben tausend Kurzweil leise,
Unter schweigend stillen Decken.

Diese Verse möchte ich auf den Baldachin meines Bettes gestickt haben, von dem mich Pyramus und Thisbe immerfort mit ihren Tapisserieaugen ansehen.

Und, lieber Freund, denken Sie an den Tod, an all jene, die in diesem Bett ihren letzten Hauch zu Gott emporgesandt haben. Denn es ist auch die letzte Stätte begrabener Hoffnungen, das Tor, das sich hinter allem schließt, vor dem es den Eingang in die Welt bedeutete. Wie oft hat dieses Bett, in dem ich Ihnen schreibe, seit den drei Jahrhunderten, in denen es Menschen eine Heimstätte ward, wilde Schreie, Angst, Leiden grausige Verzweiflung, Todesstöhnen, nach der Vergangenheit ausgestreckte Arme, Klagen gehört um Glück, das nimmer wiederkehrt! Wie oft Zuckungen, Röcheln, verzerrte Gesichter, einen entstellten Mund, ein gebrochenes Auge gesehen.

Das Bett, denken Sie darüber nach, ist das Symbol des Lebens. Das habe ich seit drei Tagen erkannt. Das Bett ist das Köstlichste, was es gibt. Ist nicht der Schlaf unser Bestes hienieden?

Aber es ist auch die Stätte unserer Leiden! Die Zuflucht der Kranken, dem müden Leibe ein Ort der Schmerzen.

Das Bett bedeutet unsere Menschlichkeit. Unser Herr Jesus scheint nie eines Bettes bedurft zu haben, als sollte es heißen, daß an ihm nichts Menschliches haftete. Er ist auf dem Stroh geboren und gestorben am Kreuz. Geschöpfen, wie wir es sind, überließ er das Lager der Ruhe und Weichlichkeit.

Ach, mir ist noch so viel anderes eingefallen! Aber die Zeit fehlt mir, es Ihnen alles aufzuzählen, und würde ich an alles denken? Dann bin ich auch schon so müde, daß ich die Kopfkissen im Rücken fortwerfen will, mich lang ausstrecken und ein bißchen schlafen.

Besuchen Sie mich morgen um drei Uhr. Vielleicht geht es mir besser, und sie können sich davon überzeugen.

Leben Sie wohl, liebster Freund. Ich strecke Ihnen die Hand zum Kuß entgegen und – meine Lippen.

Lin Yutang

Vom Im-Bett-Liegen

Es ist mir offenbar vom Schicksal bestimmt, daß ich ein Philosoph auf dem Marktplatz werden soll, aber dagegen läßt sich nun nichts mehr machen. Im allgemeinen tritt die Philosophie als die Wissenschaft auf, die einfache Dinge schwer verständlich macht, während ich mir eher eine Philosophie ausdenken möchte, welche das Schwierige einfach macht. Trotz allem Materialismus, Humanismus, Transzendentalismus, Pluralismus, und wie die langatmigen Ismen alle heißen, stelle ich die kühne Behauptung auf, daß diese Systeme samt und sonders nicht tiefer sind als meine Philosophie. Woraus besteht das Leben? Es besteht aus Essen und Schlafen, aus freundlichem Begegnen und Abschied, aus Weinen und Lachen und aus einer Reihe kleinerer Ereignisse von der Art, daß man alle vierzehn Tage zum Haarschneiden geht, seine Blumentöpfe begießt und zuguckt, wie der Nachbar von seinem Dach herunterfällt. Die aus solchen einfachen Lebenserscheinungen geborenen Begriffe mit einem gewissen Akademikerjargon feierlich herauszuputzen ist ein Kunststückchen, nichts weiter, hinter welchem sich bei den Herren Universitätsprofessoren entweder äußerste Gedankenarmut oder äußerste Unbestimmtheit ihrer Gedanken verbirgt. Die Philosophie ist auf solche Weise zu einer Wissenschaft geworden, die uns mehr und mehr dahin bringt, daß wir uns weniger und weniger verstehen. Die Philosophen haben es glücklich erreicht, daß wir, je länger sie reden, immer konfuser werden.

Es ist erstaunlich, wie wenige Menschen sich klarmachen, was das Im-Bett-Liegen für eine wichtige Kunst ist. Dabei sind neun Zehntel der bedeutendsten wissenschaftlichen und philosophischen Entdeckungen der Menschheit, wenn mich nicht alles täuscht, in einem Augenblick gemacht worden, in dem der betreffende Wissenschaftler oder Philosoph behaglich im Bett lag, um zwei Uhr nachts oder um fünf des Morgens.

Worin beruht die Bedeutung des Im-Bett-Liegens, körperlich und geistig? Körperlich bedeutet das Liegen eine Einkehr bei sich selbst, in voller Abgeschlossenheit von der Außenwelt, wobei man nicht umsonst die Körperhaltung einnimmt, die am meisten zu Ruhe, Frieden und Betrachtsamkeit hinführt. Es gibt auch für das Im-Bett-Liegen eine besonders zweckmäßige und genußvolle Methode. Konfuzius, dieser große Lebenskünstler lag nie »ausgestreckt wie ein Leichnam« im Bett, sondern er lag mit angezogenen Beinen auf einer Seite. Es ist bestimmt eine von den allergrößten Lebensfreuden, im Bett die Beine hochzuziehen. Die Haltung der Arme ist gleichfalls von großer Wichtigkeit, wenn man den höchsten Grad von sinnlichem Behagen und geistiger Kraft erreichen will. Am besten ist es wohl, man legt sich nicht flach hin, sondern stützt sich in einem Winkel von etwa dreißig Grad auf große weiche Kissen und legt einen Arm oder auch beide Arme unter den Hinterkopf. In dieser Haltung kann der Dichter unsterbliche Poesie schreiben, der Philosoph vermag das menschliche Denken umzuwälzen, und dem Naturwissenschaftler gelingen epochemachende Entdeckungen.

Es ist erstaunlich, wie wenige Menschen den Wert der Einsamkeit und stillen Betrachtung richtig erfassen. Die Kunst des Im-Bett-Liegens bedeutet noch mehr für den Menschen als bloße körperliche Ruhe nach einem anstrengenden Tag und völlige Entspannung nach all den Begegnungen und Unterredungen mit Bekannten, mit Freunden, die dumme Witze erzählten, und mit lieben Mitmenschen, die sich von Herzen bemüht haben, einen auf die rechte Bahn zu bringen und in den Himmel zu bugsieren, bis einem beinahe die Geduld riß. Darüber hinaus bedeutet das Im-Bett-Liegen, wenn es richtig betrieben wird, eine Art Generalreinigung des Gemütes. So mancher Geschäftsmann, der voller Wichtigkeit vom frühen Morgen bis zum Nachmittag herumrennt und beständig mit drei Tischtelephonen gleichzeitig telephoniert, ahnt nicht, daß er doppelt so viel Geld verdienen könnte, wenn er nach dem Aufwachen eine Stunde friedlich im Bett liegenbliebe. Ist es denn so schlimm, wenn man um acht Uhr noch im Bett liegt?

Tausendmal wichtiger als das pünktliche Aufstehen ist es, daß man sich eine Schachtel guter Zigaretten auf den Nachttisch stellt, sich beim Aufstehen gründlich Zeit läßt und alle Probleme des laufenden Tages bereits gelöst hat, wenn man sich die Zähne putzt. Behaglich ausgestreckt oder in sich zusammengekuschelt liegt man im Pyjama da, befreit von dem lästigen wollenen Unterzeug, dem Gürtel und den gleich ärgerlichen Hosenträgern, dem engen Kragen und der Schwere der Lederschuhe; die Zehen können sich endlich wieder unbehindert bewegen, wie es ihnen tagsüber nie möglich ist - und nun kann auch das Hirn richtig geschäftlich zu denken beginnen, denn nur wenn die Zehen frei sind, ist auch der Kopf frei, und nur mit einem freien Kopf kann man richtig denken. So also, behaglich gebettet, wird der kluge Geschäftsmann den gestrigen Tag mit seinen guten und schlechten Ergebnissen noch einmal überdenken und aus dem vor ihm liegenden Tagesprogramm das Wichtige vom Nebensächlichen sondern. Besser, er kommt um zehn ins Büro und ist in sich gefestigt, als daß er pünktlich um neun oder gar eine Viertelstunde vor der Zeit da ist, um wie ein Sklavenaufseher seine Untergebenen zu überwachen und sich sodann, wie man in China sagt, »um nichts und wieder nichts abzustrampeln«.

Der Denker vollends, der Erfinder, der Mann der großen Ideen bewerkstelligt noch viel mehr, wenn er eine Stunde ruhig im Bette liegenbleibt. Dem Schriftsteller kommen für seinen Artikel oder seinen Roman in dieser Lage mehr Einfälle, als wenn er früh und spät verbockt vor seinem Schreibtisch hockt. Ungestört von Telephonanrufen und gut gemeinten Besuchen, ungestört vom allgemeinen Alltag, schaut er das Leben sozusagen durch ein Glas, einen Perlenvorhang, und ein Strahlenkranz dichterischer Bedeutung schlingt sich um die Welt des Wirklichen und verleiht ihr eine zauberische Schönheit. Er schaut das Leben nicht mehr im Rohzustande, sondern in einer verwandelten Gestalt: als ein Bildnis von höherer Wirklichkeit, vergleichbar den großen Gemälden von Ni Yünlin oder Mi Fei.

Was geschieht nun aber tatsächlich, wenn man im Bett liegt? Die Muskeln ruhen aus, der Blutkreislauf geschieht mit mehr Leichtigkeit und Regelmäßigkeit, und alle Nerven des Gesichts-, Gehörs- und des vasomotorischen Apparats sind mehr oder weniger im Ruhezustand, wodurch ein nahezu vollständiger Stillstand des Körperlichen bewirkt und die geistige Konzentration, sei sie nun auf Gedanken oder Empfindungen gerichtet, erhöht wird. Gute Musik sollte man nur in liegender Haltung hören. Li Liweng sagt in seiner Abhandlung über die Weidenbäume, man müsse lernen, am frühen Morgen, wenn man im Bett liegt, den Vögeln zuzuhören. In der Tat gibt es in fast allen Städten Vogelkonzerte in Hülle und Fülle; bloß merken viele Stadtbewohner nichts davon. Ich habe mir einmal aufgeschrieben, was ich in Schanghai am Morgen für Geräusche gehört habe:

»Heute früh bin ich nach einer ausgezeichneten Nacht um fünf Uhr aufgewacht und habe eine geradezu überwältigende Geräuschsymphonie zu hören bekommen. Aufgewacht bin ich an den Fabriksirenen – sie sind ganz verschieden in Tonhöhe und Stärke. Etwas später hörte ich ein entferntes

Hufeklappern. Wahrscheinlich kam Kavallerie die Yuyuen-Straße heruntergeritten – in der Morgenstille klang es mir köstlicher als eine Brahms-Symphonie. Dann kam das erste Gezirp von Vögeln – leider bin ich kein Vogelkenner, aber gefallen hat es mir sehr.

Dazwischen gab's natürlich allerhand anderes zu hören: um halb sechs machte sich jemand, wahrscheinlich der chinesische Diener aus einem Ausländerhaus, der in der Nacht geschwoft hatte, mit vielem Geklopf an einer Hintertür bemerkbar. Ein Straßenkehrer rumorte in der nächsten Querstraße; man hörte das wischende Geräusch seines Bambusbesens. Einmal, ganz unversehens, fuhr am Himmel etwas vorbei – eine Wildente, denk' ich –, man hörte es noch lang rauschen. Um sechs Uhr fünfundzwanzig aus der Ferne das Gerumpel des Zuges Hangchow-Schanghai, der auf dem Jessfieldbahnhof einfuhr. Ab und zu ein Geräusch von den schlafenden Kindern nebenan. Allmählich regte sich der Tag, und das Gesumme des menschlichen Treibens in der näheren und ferneren Umgebung verbreitete und verstärkte sich immer mehr. Im Erdgeschoß waren die Dienstboten aufgestanden. Man öffnete die Fenster; ich hörte, wie ein Haken eingelegt wurde. Ein leichtes Husten. Leise Tritte. Klappern von Geschirr. Plötzlich rief das Kleine: ›Mami!‹«

In jenem Jahr war es den ganzen Frühling hindurch meine größte Freude, einem bestimmten Vogel zuzuhören, einem Verwandten des europäischen Rebhuhns oder der Wachtel. Sein Lockruf besteht aus vier Tönen: do - mi / re - / - / - ti - /. Das Re wird etwas mehr als zwei Takte lang gehalten und hört mitten im Takt auf, worauf ein plötzliches stakkatiertes »Ti« eine Oktave tiefer folgt. Dasselbe Lied habe ich oft in den Bergen im Süden gehört. Am hübschesten war es, daß ein Männchen auf einem Baum etwa zwanzig Meter von meinem Haus entfernt frühmorgens mit dem Ruf begann und daß ein Weibchen hundert Meter von ihm das Lied aufnahm. Mitunter variierten sie es etwas: das Tempo wurde drängender, als schlüge das Vogelherz rascher, und die letzte Stakkatonote fiel aus. An dieses Lied erinnere ich mich besonders deutlich unter den vielen, die ich gehört habe. Beschreiben kann ich sie schlecht, wenn ich nicht zur Notenschrift greifen will, doch habe ich sicher den Schlag des Pirols, der Elster, des Spechts und das Gurren der Tauben erkannt. Die Spatzen wachen offenbar erst spät auf, und den Grund dafür hat, wie mir scheint, unser großer Dichter und Lebenskünstler Li Liweng ganz richtig angegeben. Die anderen Vögel, sagt er, müssen früh singen, weil sie sich untertags vor den Schießgewehren der Männer und den Steinschleudern der Kinder vorsehen müssen. Infolgedessen können diese Vögel nur ungestört ihrem Gesang obliegen, bevor das unerträgliche Menschengezücht aus dem Schlafe erwacht. Die Spatzen dagegen, die nichts zu fürchten haben, können auch später singen und dürfen ausschlafen.

ERICH KÄSTNER

Wiegenlied für sich selber

Schlafe, alter Knabe, schlafe!
Denn du kannst nichts Klügres tun,
als dich dann und wann auf brave
Art und Weise auszuruhn.

Wenn du schläfst, kann nichts passieren ...
Auf der Straße, vor dem Haus,
gehn den Bäumen, die dort frieren,
nach und nach die Haare aus.

Schlafe, wie du früher schliefst,
als du vieles noch nicht wußtest
und im Traum die Mutter riefst.
Ja, da liegst du nun und hustest.

Schlaf und sprich wie früher kindlich:
»Die Prinzessin drückt der Schuh.«
Schlafen darf man unverbindlich.
Drücke beide Augen zu!

Mit Pauline schliefst du gestern.
Denn mitunter muß das sein.
Morgen kommen gar zwei Schwestern,
Heute schläfst du ganz allein.

Hast du Furcht vor den Gespenstern,
gegen die du neulich rangst?
Mensch, bei solchen Doppelfenstern
hat ein Deutscher keine Angst!

Hörst du, wie die Autos jagen?
Irgendwo geschieht ein Mord.
Alles will dir etwas sagen.
Aber du verstehst kein Wort ...

Sieben große und zwölf kleine
Sorgen stehen um dein Bett.
Und sie stehen sich die Beine
bis zum Morgen ins Parkett.

Laß sie ruhig stehn und lästern!
Schlafe aus, drum schlafe ein!
Morgen kommen doch die Schwestern,
und da mußt du munter sein.

Schlafe! Mache eine Pause!
Nimm, wenn nichts hilft, Aspirin!
Denn, wer schläft, ist nicht zu Hause,
und schon geht es ohne ihn.

Still! Die Nacht starrt in dein Zimmer
und beschnuppert dein Gesicht ...
Andre Menschen schlafen immer.
Gute Nacht, und schnarche nicht!

Ernst Elias Niebergall

Datterich

»Jawohl, die Morgenstunde hat Gold im Munde, absonnerlich, wann mer se vaschläft. In der Klaß bin ich gelernt worn: aurora musis amica, des haaßt uf Deitsch: Morjends schläft mer am Beste. Ach, mei schenste Stunde wohrn in der Klaß die, wo ich gschwenzt hob! Do kimt mer awwer immer gäje 9 Uhr die Sonn grood uff mei Bett un stehrt mich in meiner Nachtruh, und wann die's net is, do sinn's annern Leit. Wie werd mer sich dann heit dorschschlage?«

Thaddäus Troll

Die Faulheit ist der Humus des Geistes

Donnerstag, den 5. – Auftrag bekommen, Plauderei »Über die Faulheit« zu schreiben. Liegestuhl gekauft. Darin in entspannter Lage über das Thema nachgedacht. Dabei eingeschlafen.

Freitag, den 6. – Vormittags im Liegestuhl Faulheit studiert und dabei sehr müde geworden. Langer Mittagsschlaf. Nachmittags zu der Überzeugung gekommen, daß Beharren in Faulheit (italienisch: dolce far niente) natürlicher Zustand der Kreatur. Kein Tier arbeitet. Mit dieser Erkenntnis zufrieden früh Feierabend gemacht.

Samstag, den 7. – Diese Notizen ins Tagebuch eingetragen. Davon sehr erschöpft, deshalb freien Nachmittag gemacht.

Sonntag, den 8. – Sonntag geheiligt. Ganzen Tag ausgeruht. Barbaras Vorschlag, lästige Bewegungen in Form eines Spaziergangs zu machen, entrüstet abgelehnt, weil ich an Faulheit arbeite. Früh zu Bett. Von Ohrensesseln, Schlaraffenland und Bärenhäuten geträumt.

Montag, den 9. – Ausgeschlafen. Vormittags ganz kaputt vom vielen Schlaf, arbeitsunfähig. Nachmittags Einfall gehabt: Trägheit ist nicht gleich Faulheit. Trägheit ist eine Veranlagung, Faulheit eine Weltanschauung. Der Faule lebt in Harmonie mit dem Bestehenden und verspürt keinen Drang, es zu ändern. Folgerung: faule Menschen sind staatspolitisch besonders wertvoll, weil sie nicht zu Rebellion, Umsturz oder Revolution neigen.

Dienstag, den 10. – Schlecht geschlafen, weil die Tage vorher zu viel geschlafen. Wieder im Liegestuhl. Barbara meint, meine Faulheit stinke zum Himmel. Ihr erklärt: Trägheit ist verabscheuenswert, Faulheit bewundernswert. Der Faule ist von Natur fleißig, überwindet aber den Fleiß, weil er damit nur Unruhe schafft und das Behagen stört. Beispiel: Ameisen sind fleißig und unsympathisch, Murmeltiere faul und sympathisch. Frage an Barbara: wer hat mehr Unglück über die Welt gebracht, die Faulen oder die Fleißigen? Können Faule Kriege vom Zaun brechen?

Mittwoch, den 11. – Von geistiger Arbeit des Vortags erschöpft. Tag der Faulheit ausgerufen und zum Familienfeiertag erklärt.

Donnerstag, den 12. – Kalenderspruch gelesen »Der Schweiß ist die Träne der Arbeit«. Da es unmännlich ist, Tränen zu vergießen, beschlossen, niemals in Schweiß zu geraten. Erkenntnis: Faulheit ist der Humus des Geistes. Erhabene Gedanken gedeihen nur in körperlichem Ruhezustand. Im Liegestuhl darüber nachgedacht, ob Barbara wohl ihr deliziöses Gulasch kocht. Gedanke war zutreffend. Zu viel Gulasch gegessen. Da ein voller Bauch nicht gern studiert (Erkenntnis der alten Römer), nachmittags nicht mehr nachgedacht.

Freitag, den 13. – Mit Schrecken festgestellt, daß heute der 13. auf einen Freitag fällt. Daher beschlossen, nichts zu tun, um Unglück nicht zu berufen. Gut geschlafen. Erkenntnis: man muß sich ohne schlechtes Gewissen zur Faulheit bekennen. Das Gewissen ist der Motor, der zur Tätigkeit treibt und der Faulheit das Behagen nimmt. Über das Hamlet-Zitat nachgedacht: »Es ist etwas faul im Staate Dänemark«. Wieso? Bin ich ein Däne? - Verlag ruft an, ob Plauderei über die Faulheit noch nicht fertig. Geantwortet: Wenn ich so schnell arbeiten würde, wäre ich nicht würdig, das Thema fachkundig zu behandeln.

Samstag, den 14. – Barbara macht sich Gedanken über meinen Gesundheitszustand, weil so viel Schlaf unnatürlich sei. Bedenken mit folgenden Erkenntnissen zerstreut: Manager sind fleißig; Götter sind nicht fleißig.

Manager sehr sterblich; Götter dagegen unsterblich. Barbara stellt beruhigt fest, demnach würde ich Götter überleben.

Da viel zu faul, um Plauderei über Faulheit jemals zu schreiben, beschlossen, diese Tagebuchblätter drucken zu lassen. Überlegt: wer nimmt mir lästigen Gang zum Briefkasten ab. Barbara beschwatzt. Nach langem Mittagsschlaf Plan gefaßt, auf die Anstrengungen der letzten zehn Tage hin nächste Woche gründlich auszuspannen.

DIOGENES

Die 66. Novelle aus dem Novellino erzählt von einem Philosophen mit Namen Diogenes

Es lebte einmal ein sehr weiser Philosoph, der den Namen Diogenes hatte. Dieser Philosoph ruhte eines Tages, nachdem er in einem Wassergraben gebadet hatte, auf einem Felsen in der Sonne. Alexander von Mazedonien ritt mit großem Gefolge vorbei. Als er den Philosophen sah, redete er ihn an und sprach folgendermaßen: »Ach, armseliger Mensch, bitte mich, und ich werde dir geben, was du möchtest.« Und der Philosoph antwortete: »Ich bitte dich: Geh mir aus der Sonne!«

Bram Stoker

Draculas Schlaf

25. Juni, morgens – Nur wer in einer Nacht gelitten und um sein Leben gezittert hat, kann sich vorstellen, mit welcher Freude im Herzen ich heute die Sonne begrüßt habe, als die ersten Strahlen in mein Zimmer fielen. Meine Ängste verflüchtigten sich mit einem Schlag – heute mußte ich handeln! Gestern abend ist einer meiner vordatierten Briefe zur Post gegeben worden. Damit ist der Anfang des Verbrechens gemacht, an dessen Ende mein unerklärliches Verschwinden stehen soll.

Ich darf nicht daran denken. Noch ist Zeit, entschlossen zu handeln.

Bisher bin ich nur nachts belästigt oder bedroht worden. Nur nach Sonnenuntergang hatte ich Ursache, unbekannte Gefahren zu fürchten. Graf Dracula zeigte sich bisher nie bei Tageslicht.

Kann es sein, daß er schläft, während andere wachen, daß er wach ist, wenn andere ruhen? Könnte ich nur sein Zimmer untersuchen! Aber das ist unmöglich, denn die Tür ist stets verschlossen, und ich weiß keinen anderen Weg.

Doch, es gibt einen, wenn man den Mut hat, ihn zu benützen. Wäre es nicht möglich, über die Mauer nach unten zu gelangen? Habe ich ihn nicht schon selbst aus dem Fenster klettern gesehen? Warum sollte ich nicht wenigstens den Versuch machen, auf diese Weise sein Fenster zu erreichen? Das Risiko ist groß, doch die Gefahr, in der ich schwebe, ist bestimmt noch größer. Ich muß es tun.

Adieu, Mina, falls ich versage; adieu, mein treuer Freund und zweiter Vater. Wenn mir heute etwas zustößt, kann ich nur hoffen, daß wir uns einst in einem glücklicheren Jenseits wiedersehen ...

Später – Ich habe es gewagt und bin mit Gottes Hilfe glücklich wieder in mein Zimmer zurückgekehrt. Ich muß meine Erlebnisse der Reihe nach niederschreiben, damit ich nichts vergesse.

Ich zog mir die Schuhe aus, stieg aus dem Südfenster und erreichte mühelos einen schmalen Sims, der unmittelbar darunter um das Gebäude führte. Die Steine waren zum Glück rauh und verwittert; der Mörtel zwischen ihnen war von Wind und Regen im Lauf der Zeit ausgewaschen worden, so daß ich überall guten Halt fand. Ich warf einen kurzen Blick in die Tiefe, um sicherzugehen, daß mir auch später nicht schwindlig würde. Dann machte ich mich auf den Weg, wobei ich mich mit Händen und Füßen vorwärtstastete. In meiner begreiflichen Erregung achtete ich kaum auf die Schwierigkeiten, die ich zu überwinden hatte, und stand schon nach erstaunlich kurzer Zeit auf dem Fensterbrett vor dem Zimmer des Grafen.

Zu meiner Überraschung war das Fenster nur angelehnt. Ich stieß es vorsichtig auf, nahm mir ein Herz und glitt mit den Füßen voran in den Raum. Dann sah ich mich nach dem Grafen um und machte eine weitere Entdeckung: Das Zimmer war leer!

Offenbar wurde es nie benutzt. Die ganze Einrichtung bestand aus einigen alten Möbelstücken, auf denen sich eine fingerdicke

Staubschicht angesammelt hatte. Ich suchte nach dem Schlüssel, der nicht im Schloß steckte, konnte ihn aber nirgends entdecken. Statt dessen fand ich in einer Ecke des Raumes einen großen Haufen Goldstücke – römische, englische, österreichische, ungarische, griechische, und türkische Münzen, die über dreihundert Jahre alt zu sein schienen. Auch über dem Gold lag eine dicke Staubschicht, als habe es sein Besitzer achtlos in der Ecke vergessen.

In eine Wand des Zimmers war eine schwere Eisentür eingelassen. Nachdem ich keinen Schlüssel gefunden hatte, drückte ich die Klinke herab, denn ich mußte die Erkundung fortsetzen, wenn nicht alle Bemühungen vergeblich sein sollten. Die Tür ließ sich öffnen und führte zu einer schmalen Wendeltreppe, die ich vorsichtig hinabstieg. Das nahm einige Zeit in Anspruch, denn die Stufen waren nur in unregelmäßigen Abständen einigermaßen durch den schwachen Lichtschein erhellt, der durch Schießscharten in der Mauer fiel. Am Ende der Treppe stieß ich auf einen dunklen Korridor, in dem es auffällig nach Moder und frisch umgegrabener Erde roch. Dieser Geruch verstärkte sich noch, als ich eine zweite Tür öffnete, die den Gang abschloß.

Ich befand mich in einer alten, halb zerfallenen Kapelle, die offensichtlich als Grabstätte benutzt worden war. An zwei Stellen bemerkte ich Stufen, die in eine Gruft führen mußten; der Boden war hier aufgegraben worden, um die großen Kisten, die erst vor wenigen Tagen gebracht worden waren, mit Erde zu füllen. Ich suchte nach einem Ausgang, fand keinen und machte mich schließlich daran, die beiden Grüfte zu inspizieren, obwohl ich mich vor dem Halbdunkel in ihnen fürchtete. In der ersten sah ich nur die Trümmer einiger alter Särge, aber in der anderen machte ich eine Entdeckung.

Dort lag Graf Dracula in einer der fünfzig Kisten auf frisch aufgegrabener Erde!

Ich konnte nicht beurteilen, ob er tot war oder nur schlief – seine Augen standen weit offen, ohne aber wie bei Toten glasig zu sein, seine Wangen waren bleich, aber doch durchblutet, und die Lippen waren so rot wie immer. Trotzdem sah ich keine Bewegung, keinen Herzschlag und keinen Atemzug. Ich beugte mich über ihn, um auf ein Lebenszeichen zu horchen, fand aber keines. Neben der Kiste stand der dazugehörige Deckel, in den hier und da Löcher gebohrt waren. Da ich vermutete, der Graf trage die Schlüssel bei sich, wollte ich seine Kleidung eben durchsuchen, als mich aus den starren Augen ein so haßerfüllter Blick traf, daß ich fluchtartig aus der Gruft stürzte, in das Zimmer des Grafen zurückkehrte und eilends wieder die Mauer hinaufkletterte. Nachdem ich glücklich meinen Raum erreicht hatte, warf ich mich vor Anstrengung keuchend auf das Bett und versuchte nachzudenken ...

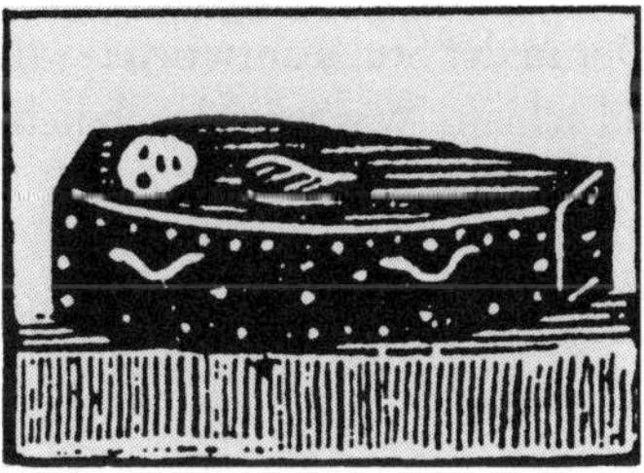

Ein Lale wollte von einem andern einen Wagen entleihen

Zwei Bauern zu Laleburg waren Nachbarn und hatten ihre Häuser nahe beieinander. An einem Morgen ganz früh, etwa um die achte Stunde, kam der eine vor des andern Fenster und klopfte mit einem Finger dran, damit man nicht meine, es sei mit einem Stiefel geschehen. Der andere lag noch hinter dem Ofen in der Hölle (wie sie es nennen), im Nest, mochte vor Faulheit nicht aus der Streu, sondern schrie mit lauter Stimme heraus: »Wer klopft da so frühe?« – »Ich bin's, Nachbar«, sprach der andere Lale, »was tut ihr?« Der in der Stube antwortete: »Ich liege hier und schlafe. Was wäre Euch lieb, Nachbar?« Der vor dem Fenster sprach: » Wenn Ihr nicht schliefet, wollte ich Euch um Euren Wagen gebeten haben. Aber ich will in einer guten Weile, wenn Ihr aufgewacht, wiederkommen.« »Das tut«, sprach der in den Strohfedern. Vermeinten also diese beiden, wenn einer im Bett liege, so schlafe er auch.

Gilbert Keith Chesterton

Über das Im-Bett-Liegenbleiben

Im-Bett-Liegenbleiben wäre ein großartiges, ein unüberbietbares Erlebnis, hätte man nur einen Farbstift, lang genug, um an der Decke zu malen. Leider gibt es aber so etwas nur in den wenigsten Haushaltungen. Was mich angeht, so glaube ich schon, daß es mit einigen Eimern Farbe und einem langen Besenstiel zu machen wäre. Nur kann dem Maler, wenn er so mit Hingabe und Schwung die Farbe in breiten Strichen aufträgt, leicht ein seltsamer, vielfarbiger Märchenregen ins Gesicht rieseln, und das hätte seine Nachteile. So fürchte ich fast, daß es bei dieser künstlerischen Komposition nötig sein wird, nur in Schwarzweiß zu arbeiten. Dazu würde der weiße Plafond ausnehmend gut passen, ja genaugenommen ist es die einzige Verwendung für eine weiße Zimmerdecke, die ich mir überhaupt vorstellen kann.

Ohne das schöne Experiment , im Bett liegenzubleiben, hätte ich es vielleicht niemals entdeckt. Jahrelang hatte ich in neuen Häusern nach freien Stellen gesucht, auf die man zeichnen könnte. Papier ist viel zu klein für eine ordentliche allegorische Zeichnung, wie schon Cyrano de Bergerac formulierte: Ich brauche Riesen. Aber wann immer ich mich nach solchen schönen freien Flächen in den Räumen, in denen wir heute leben müssen, umsah, ich wurde ständig enttäuscht. Alles mögliche, zu einem verwickelten Muster verfilzt, hing als feingliedriger Vorhang zwischen mir und dem Gegenstand meiner Sehnsucht. Ich untersuchte die Wände und fand sie zu meiner Überraschung bereits mit Tapete bedeckt und die Tapete bereits mit recht uninteressanten Bildchen versehen, die einander lächerlich ähnlich sahen. Es wollte mir nicht in den Sinn, warum ein x-beliebiges Symbol, das offenbar jeder religiösen oder symbolischen Bedeutung ermangelte, über meine schönen Wände gleich Windpocken versprenkelt werden mußte. Die Bibel muß meiner Ansicht nach Tapeten im Auge haben, wenn sie erklärt: Gebrauche keine unnützen Wiederholungen, wie das die Heiden tun. Auch der Orientteppich schien mir eine Anhäufung nichtssagender Farbflecke zu sein. Kurz, überall, wohin ich mich hilflos mit Stift und Pinsel wandte, mußte ich feststellen, daß unverantwortlicherweise schon andere dagewesen waren und die Wände, die Vorhänge, die Möbelstoffe mit ihren kindischen, barbarischen Mustern verdorben hatten.

So fand ich wirklich keinen freien Fleck zum Zeichnen, bis ich einmal den Vorgang des Im-Bett-Liegens über das richtige Maß ausgedehnt hatte. Da drang das Licht eines schneeweißen Himmels auf mich ein, ein Meer von reinem Weiß, das beinahe auf eine Definition des Paradieses hinausläuft, bedeutet es doch Reinheit und ebenso Freiheit. Aber ach, wie jeder Himmel, so stellte sich auch dieser, kaum daß man ihn sah, als unerreichbar heraus, auch mutete er strenger und entfernter an als der blaue Himmel, den man durchs Fenster erblickt. Zudem wurde mein Vorhaben, mit dem haarigen Ende eines Besens an der Decke zu malen, nicht gerade ermutigt, und auch der wesentlich bescheidenere Vorschlag, das Besenstielende in den Küchenherd zu stecken und es so in Zeichenkohle zu verwandeln, verfiel der Ablehnung. Dennoch bin ich überzeugt, daß es Leute in meiner Lage – auf dem Rücken Liegende – waren, denen all die unverbrauchte, frische Inspiration zuflog, mit der sie dann die Decken der Paläste und Kathedralen mit einem wilden Aufgebot an gefallenen Engeln oder siegreichen Göttern bedeckten. Nur weil sich Michelangelo der altehrwürdigen Beschäftigung des Im-Bett-Liegens hingab, kann er herausgefunden haben, wie die Decke der Sixtinischen Kapelle zu einer furchterweckenden Nachgestaltung des göttlichen Dramas umzuwandeln wäre, das nur im Himmel spielen kann.

Statt dessen muß sich die praktische Ausübung des Im-Bett-Liegens heute mit einer ungesunden, heuchlerischen Einstellung auseinandersetzen! Von all den Kennzeichen der Moderne, die auf Verfall hindeuten, ist keines bedrohlicher und gefährlicher als die Überbetonung höchst geringfügiger, nebensächlicher Fragen der Lebensführung auf Kosten ewiger Bindungen und lebenswichtiger menschlicher Gesittung. Wenn es etwas Schlimmeres gibt als das zeitgemäße Abschwächen der höheren sittlichen Grundsätze, dann ist es die Überbetonung der kleinen Moral, des Taktes, der Etikette. Man kann jemanden viel gründlicher vernichten, wenn man ihn des schlechten Geschmacks, als eines schlechten Charakters bezichtigt. Reinlichkeit ist zwar nicht zum Scherz da, aber heute rangiert sie nicht hinter, sondern vor der Frömmigkeit; Reinlichkeit wird zum Wesentlichen gemacht und Frömmigkeit zum Ärgernis. Ein Komödienschreiber kann die Ehe zersetzen, solange ihm nur kein Formfehler gegen den guten Ton der Gesellschaft unterläuft, und ich habe Pessimisten getroffen, die es für verwerflich hielten, Bier zu trinken, aber in der Ordnung, Zyankali zu nehmen. Das gilt auch für die Hygiene, besonders aber für derlei Dinge wie das Im-Bett-Liegenbleiben. Statt daß man es, wie sich das so gehörte, als eine Frage der persönlichen Annehmlichkeit und Lebensgestaltung ansähe, wird es von vielen so beurteilt, als sei es ein wesentlicher Punkt der Ethik, früh aufzustehen. Es ist eine Sache der praktischen Lebensführung, aber damit noch nichts Gutes; noch ist es irgendwie schlecht, wenn man es anders hält.

Knicker und Geizhälse stehen des Morgens früh auf und Einbrecher – so habe ich mir sagen lassen – sogar die Nacht vorher. Die große Gefahr unserer Gesellschaft ist dabei, daß sie in ihren Verhaltensregeln immer mehr erstarrt, während ihr Geist immer unbeständiger wird. Es sollte umgekehrt sein. Die nebensächlichen Handlungen und Vorkehrungen sollten frei, anpassungsfähig und schöpferisch bleiben, was unverrückbar bleiben sollte, wären die Grundsätze und Ideale. Leider ist bei uns das genaue Gegenteil der Fall, unsere Ansichten wechseln beständig, die Beschaffenheit unseres Lunchs bleibt die gleiche. Nun, ich schätze es, wenn der Mensch starke, fest begründete Ansichten hat; aber was seinen Lunch angeht, den kann er ruhig zuweilen im Garten, manchmal im Bett, gelegentlich auf dem Dach und ab und zu sogar im Wipfel einen Baumes einnehmen. Laßt sie in der Diskussion von den gleichen Grundsatzfragen ausgehen, aber wo und wie man diskutiert, ob auf Liegebetten, in einem Boot oder in einem Luftballon, darauf kommt es nicht an. Das alarmierende Überhandnehmen guter Manieren legt einen zu starken Akzent auf das, was man sich gewohnheitsmäßig aneignen kann, es legt zu wenig Nachdruck auf die Vorzüge, die durch Gewohnheit und gute Eigenschaften kaum recht gesichert werden können: unerwartetes Aufleuchten begnadeten Mitgefühls oder verschwenderischer Großmut. Wann immer der unvermutete Anruf an uns ergeht, es ist möglich, daß wir versagen. Man kann sich wohl darin üben, um fünf Uhr morgens aufzustehen; aber sich für seine Überzeugung hängen zu lassen, darin kann man sich schwerlich üben - schon der erste Versuch endet ja gewöhnlich mit dem Tode. Laßt uns deshalb den Möglichkeiten des Unerwarteten, des Abenteuerlichen ein wenig mehr Aufmerksamkeit schenken. Ich behaupte jedenfalls: Wenn ich nachher aus dem Bett steige, werde ich sicher eine Tat vollbringen, deren Mannesmut gewaltigen Eindruck machen wird.

Für alle, welche die große Kunst des Im-Bett-Liegens studieren, möchte ich noch eine wichtige Vorsichtsmaßregel beisteuern. Selbst bei Leuten, die ihre Arbeit im Bett verrichten können, etwa Journalisten, noch mehr aber bei denen, deren Arbeit nicht im Bett getan werden kann - denken wir nur an die Harpunenwerfer einer Walfangflotte -, liegt es auf der Hand, daß man dieser Übung nur ganz gelegentlich frönen darf. Aber das ist nicht die Vorsicht, von der ich sprechen wollte. Sie lautet vielmehr: Wenn man schon im Bett liegt, muß man es völlig unbegründet tun und ohne sich nachträglich um eine Rechtfertigung zu bemühen. Natürlich rede ich nicht von Leuten, die ernstlich krank sind. Wenn aber ein gesunder Mensch einmal im Bett liegt, soll er es ohne den leisesten Schatten einer Rechtfertigung, kurz, ohne den geringsten Skrupel tun, dann wird er auch wieder als gesunder Mensch aufstehen. Tut er es aber aus einem nebensächlichen hygienischen Beweggrund, hält er vielleicht gar eine wissenschaftliche Erklärung dafür bereit, dann wird er es vermutlich als Hypochonder verlassen.

Brüder Grimm

Der faule Heinz

Heinz war faul, und obgleich er weiter nichts zu tun hatte, als seine Ziege täglich auf die Weide zu treiben, so seufzte er dennoch, wenn er nach vollbrachtem Tagewerk Abends nach Hause kam, und sprach »es ist in Wahrheit eine schwere Last und ein mühseliges Geschäft so eine Ziege Jahr aus Jahr ein bis in den späten Herbst ins Feld zu treiben. Und wenn man sich noch dabei hinlegen und schlafen könnte! aber nein, da muß man die Augen aufhaben, damit sie die jungen Bäume nicht beschädigt, durch die Hecke in einen Garten dringt, oder gar davon läuft. Wie soll da einer zur Ruhe kommen, und seines Lebens froh werden!« Er setzte sich, sammelte seine Gedanken und überlegte wie er sich von dieser Bürde freimachen könnte. Lange war alles Nachsinnen vergeblich, plötzlich fiels ihm wie Schuppen von den Augen. »Ich weiß was ich tue«, rief er aus, »ich heirate die dicke Trine; die hat auch eine Ziege und kann meine mit austreiben, so brauche ich mich nicht länger zu quälen.«

Heinz erhob sich also, setzte seine müden Glieder in Bewegung, ging quer über die Straße, denn weiter war der Weg nicht, zu den Eltern der dicken Trine, und hielt um ihre arbeitsame und tugendreiche Tochter an. Die Eltern besannen sich nicht lange, und willigten ein. Nun ward die dicke Trine Heinzens Frau, und trieb die beiden Ziegen aus, und Heinz hatte gute Tage, so daß er sich von keiner andern Arbeit zu erholen brauchte, als von seiner eigenen Faulheit. Nur dann und wann ging er mit hinaus, und sagte »es geschieht bloß damit mir die Ruhe hernach desto besser schmeckt; man verliert sonst alles Gefühl dafür«.

Aber die dicke Trine war auch faul. »Lieber Heinz«, sprach sie eines Tages, »warum sollen wir uns das Leben ohne Not sauer machen, und unsere beste Jugendzeit verkümmern? Ist es nicht besser, wir geben die beiden Ziegen, die jeden Morgen einen mit ihrem Meckern im besten Schlafe stören, unserm Nachbar, und der gibt uns einen Bienenstock dafür? den Bienenstock stellen wir an einen sonnigen Platz hinter das Haus, und bekümmern uns weiter nicht darum. Die Bienen brauchen nicht gehütet und nicht ins Feld getrieben zu werden: sie fliegen aus, finden den Weg nach Haus von selbst wieder, und sammeln Honig, ohne daß es uns die geringste Mühe macht.« »Du hast wie eine verständige Frau gesprochen«, antwortete Heinz, »deinen Vorschlag wollen wir ohne Zaudern ausführen; außerdem schmeckt und nährt der Honig besser als die Ziegenmilch, und läßt sich auch länger aufbewahren.«

Der Nachbar gab für die beiden Ziegen gerne einen Bienenstock. Die Bienen flogen unermüdlich vom frühen Morgen bis zum späten Abend aus und ein, und füllten den Stock mit dem schönsten Honig, so daß Heinz im Herbst einen ganzen Krug voll herausnehmen konnte. Sie stellten den Krug auf ein Brett, das oben an der Wand in ihrer Schlafkammer befestigt war, und weil sie fürchteten, er könnte ihnen gestohlen werden, oder die Mäuse könnten darüber geraten, so holte Trine einen starken Haselstock herbei, und legte ihn neben ihr Bett, damit sie ihn, ohne unnötigerweise aufzustehen, mit der Hand erreichen und die ungebetenen Gäste von dem Bette aus verjagen könnte.

Der faule Heinz verließ das Bett nicht gerne vor Mittag, »wer früh aufsteht«, sprach er, »sein Gut verzehrt«. Eines Morgens, als er so am hellen Tage noch in den Federn lag, und von dem langen Schlaf ausruhte, sprach er zu seiner Frau »die Weiber lieben die Süßigkeit, und du naschest von dem Honig, es ist bes-

ser, ehe er von dir allein ausgegessen wird, daß wir dafür eine Gans mit einem jungen Gänslein erhandeln«. »Aber nicht eher«, erwiderte Trine, »als bis wir ein Kind haben, das sie hütet. Soll ich mich etwa mit den jungen Gänsen plagen, und meine Kräfte unnötigerweise dabei zusetzen?« »Meinst du«, sagte Heinz, »der Junge werde Gänse hüten? heutzutage gehorchen die Kinder nicht mehr: sie tun nach ihrem eigenen Willen, weil sie sich klüger dünken als die Eltern, gerade wie jener Knecht, der die Kuh suchen sollte, und drei Amseln nachjagte.« »O«, antwortete Trine, »dem soll es schlecht bekommen, wenn er nicht tut was ich sage. Einen Stock will ich nehmen, und mit ungezählten Schlägen ihm die Haut gerben. Siehst du, Heinz«, rief sie in ihrem Eifer, und faßte den Stock, mit dem sie die Mäuse verjagen wollte, »siehst du, so will ich auf ihn losschlagen«. Sie holte aus, traf aber unglücklicherweise den Honigkrug über dem Bette. Der Krug sprang wider die Wand, und fiel in Scherben herab, und der schöne Honig floß auf dem Boden. »Da liegt nun die Gans mit dem jungen Gänslein«, sagte Heinz, »und braucht nicht gehütet zu werden. Aber ein Glück ist es, daß mir der Krug nicht auf den Kopf gefallen ist; wir haben alle Ursache mit unserm Schicksal zufrieden zu sein.« Und da er in einer Scherbe noch etwas Honig bemerkte, so langte er danach, und sprach ganz vergnügt »das Restchen, Frau, wollen wir uns noch schmecken lassen, und dann nach dem gehabten Schrecken ein wenig ausruhen, was tuts, wenn wir etwas später als gewöhnlich aufstehen, der Tag ist doch noch lang genug.«

Die 31. Novelle aus dem Novellino

Hier wird von einem Erzähler des Herrn Azzolino berichtet.

Herr Azzolino hatte einen Erzähler, den er erzählen ließ, wenn im Winter die Nächte lang waren. Eines Nachts kam es vor, daß der Erzähler große Lust zu schlafen verspürte; und Azzolino bat ihn, etwas zu erzählen. Der Erzähler begann eine Geschichte von einem Bauern zu erzählen, der hundert Goldstücke hatte; der ging auf einen Markt, um Schafe zu kaufen, und bekam deren zwei für ein Goldstück. Als er mit seinen Schafen heimkehrte, war ein Fluß, über den er gegangen, durch einen starken Regen, der gefallen war, sehr angeschwollen. Als er am Ufer stand, erblickte er einen armen Fischer mit einem so übermäßig kleinen Schifflein, daß darin nur der Bauer mit einem Schaf auf einmal Platz hatten. Da fing der Bauer an, mit einem Schaf hinüberzusetzen, und ruderte los: der Fluß war breit. Er rudert und langt drüben an. Und der Erzähler hörte mit dem Erzählen auf. Azzolino sagte: »Fahre fort.« Und der Erzähler erwiderte: »Laßt die Schafe hinüberfahren, dann werde ich die Geschichte weitererzählen.« Denn die Schafe wären nicht in einem Jahr hinüber, und so konnte er recht behaglich schlafen.

Franz Dornseif

Kleines Kompendium der Faulheit

Immer langsam voran, komm ich heut nicht – komm ich morgen, mit der Schneckenpost, außer Tätigkeit, sich aalen, abwarten, sich ausruhen, bummeln, dasitzen, dösen, duseln, faulenzen, feiern, flanieren, sich fleezen, kriechen, sich räkeln, schlendern, spazieren gehen, schwänzen, trödeln, umherstreifen, vagabundieren, sich der Arbeit entziehen, müßig gehen, blau machen, Feierabend machen, auf der faulen Haut liegen, sich von der Sonne anscheinen lassen, auf der Straße liegen, es sich behaglich machen, läßt Gott einen guten Mann sein, der Arbeit aus dem Wege gehen, sich Zeit lassen, sich Zeit nehmen, der Ruhe pflegen, keinen Finger rühren, auf seinen Lorbeeren ausruhen, auf der Bärenhaut liegen, bis in den Tag hinein schlafen, träumerisch, Asphaltspucker, Bärenhäuter, Faulpelz, Marktsteher, Murmeltier, Müßiggänger, Nichtstuer, Pflastertreter, Phäake, Schlafhaube, Schlafmütze, Schnecke, Siebenschläfer, Sonnenbruder, Träumer, Vagabund, verbummeltes Genie, ewiger Student, Zigeuner.

Erich Kästner

Seht euch vor, bevor ihr schuftet!

Seht euch vor, bevor ihr schuftet!
Zieht euch keinen Splitter ein.
Wer behauptet, daß Schweiß duftet,
ist (ganz objektiv) ein Schwein.

Zählt die Arbeit zu den Strafen!
Wer nichts braucht, braucht nichts tun.
Legt euch mit den Hühnern schlafen.
Wenn es geht: pro Mann ein Huhn.

Manche geben keine Ruhe,
und sie schuften voller Wut.
Doch ihr Tun ist nur Getue,
und es kleidet sie nicht gut.

Laßt euch auf den Sofas treiben!
Gut geträumt ist halb gelacht.
Hände sind zum Händereiben.
Sprecht schon morgens: »Gute Nacht«.

Laßt die Wecker ruhig rasseln!
Zeigt dem Krach das Hinterteil.
Laßt die Moralisten quasseln.
Bietet euch nicht täglich feil.

Wozu macht ihr Karriere?
Ist die Erde denn kein Stern?
Tut, als ob stets Sonntag wäre,
denn er ist der Tag des Herrn.

Vieles tun heißt vieles leiden.
Lebt, so gut es geht, von Luft.
Arbeit läßt sich schlecht vermeiden, -
doch wer schuftet, ist ein Schuft!

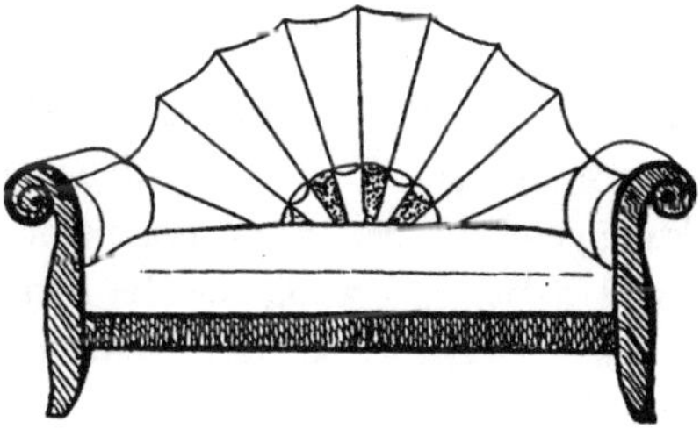

Johann Peter Hebel

Die Schlafkameraden

Eines Abends kam ein fremder Herr mit seinem Bedienten im Wirtshaus zu der goldenen Linden in Brassenheim an, und ließ sich bei dem Nachtessen beiderlei wohl schmecken; nämlich das Essen selbst, und das köstliche Getränk. Denn der Lindenwirt hat Guten. Der Bediente aber an einem andern Tisch dachte: »Ich will meinem Herrn keine Schande machen«, und trank, wie im Zorn ein Glas und eine Bouteille nach der andern aus, sagend zu sich selbst: »Der Wirt soll nicht meinen, daß wir Knicker sind.« Nach dem Essen sagte der Herr zum dem Lindenwirt: »Herr Wirt ich hab an Eurem Roten sozusagen eine gefährliche Entdeckung gemacht. Bringt mir noch eine Flasche voll in das Schlafstüblein.« Der Bediente hinter dem Rücken des Herrn winkte dem Wirt: »Mir auch eine!« denn sein Herr ließ sich vieles von ihm gefallen, weil er auf Reisen auch sein Leibgardist war, und immer mit ihm in der nämlichen Stube schlafen mußte, und je einmal, wenn er sich zuviel Freiheit herausnahm, war der Herr billig, und dachte: »Ich will nicht wunderlich sein. Es ist ja nicht das erstemal, daß er's tut.« Also trank an seinem Tisch der Herr und las die Zeitung, und am andern Tisch dachte der Bediente: »Es ist ein harter Dienst, wenn man trinken muß, anstatt zu schlafen, zumal so starken.« Gleichwohl als er dem Herrn die zweite Flasche holen mußte, nahm er für sich auch noch eine mit vom nämlichen. Der Herr fing endlich an, laut mit der Zeitung zu reden, und der Bediente nahm wie ein Echo zwischen der Türe und dem Fenster auch Anteil daran, aber wie? Der Herr las von dem großen Mammutsknochen, der gefunden wurde. Der Bediente, der eben das Glas zum Munde führte, lallte für sich: »Soll leben der Mahometsknochen.« Oder als der Herr von dem Seminaristen las aus dem Seminarium in Pavia, der mit Lebensgefahr eines Schriftgießers Kind aus den Flammen rettete, ergriff er das Glas, und »Bravo« sagte er,

»wackerer Seminarist!« Der Bediente aber stammelte für sich: »Soll leben der wackere Seeminister«, und goß richtig das halbe Glas über die Liberei hinab. »Hast du's gehört Anton? So eine Tat wiegt viele Meriten auf«, fuhr der Herr fort. – »Sollen auch leben die Minoriten«, erwiderte der Diener; und sooft jener z.B. sich räusperte oder gähnte räusperte sich und gähnte der Anton auch. Endlich sagte der Herr: »Anton jetzt wollen wir ins Bett.« Der Anton sah seine Flasche an, und erwiderte: »Es wird ohnehin niemand mehr auf sein in der Wirtschaft.« Denn seine Flasche war leer. Aber in der Flasche des Herrn war noch ein Restlein. Früh gegen zwei Uhr weckte es den Anton, daß noch ein Restlein in der Flasche des Herrn sei. Also stand er auf und trank es aus. »Sonst verriecht es«, dachte er. Als er sich aber wieder legen wollte, kam er ein wenig zu weit rechts an das Bett seines Herrn. Denn beide Betten standen an der nämlichen Wand mit den Fußstätten gegeneinander. Also legte sich der Anton neben seinen Herrn mit dem Kopf unten, und mit den Füßen oben, neben des Herrn Gesicht, weil er meinte, er liege wieder in seinem eigenen. Eine Stunde vor Tag aber, als der Herr erwachte, kam es ihm vor, er wußte selbst nicht recht wie? »Soll ich denn gestern abend haben Backensteinkäs heraufkommen lassen«, dachte er. Als er sich aber umdrehen wollte, ob ein Schränklein in der Wand sei, fühlte er auf einmal neben sich etwas Lebendiges und Warmes, und das Warme und Lebendige bewegte sich auch. Jetzt rief er: »Anton, Anton«, mit ängstlicher und leiser Stimme, daß der unsichere Schlafkamerad nicht aufwachen sollte, und derjenige, den er wecken wollte, war doch der Schlafkamerad. »Anton«, schrie er endlich in der Herzensangst so laut er konnte. »Was befehlen Ihro Hochwürden«, erwiderte endlich der Anton. – »Komm mir zu Hülfe! Es

liegt einer neben mir.« – »Ich kann nicht, neben mir liegt auch einer«, erwiderte der Bediente, und wollte sich strecken, so zwar, daß er mit dem linken Fuß unter des Herrn Kinn kam. »Anton, Anton« rief der Herr, »meiner reißt mir den Kopf ab«, und suchte ebenfalls mit den Füßen eine Habung. »Meiner will mir die Nase aufschlitzen«, schrie noch viel ärger der Anton. »Wirf deinen heraus«, schrie der Herr, »und komm mir zu Hülfe.« – Also faßte der Bediente seinen Mann an den Beinen, und dieser als er Ernst sah, faßte er seinen Mann ebenfalls an den Beiden, und rangen also die beiden miteinander, daß keiner dem andern konnte zur Hülfe kommen; und der Bediente fluchte wie ein Türk, der Herr aber fluchte zwar nicht, aber doch rief er die unsichtbaren Mächte an, sie sollten seinem Gegner den Hals brechen, was auch fast hätte geschehen können, denn auf einmal hörte unten der Wirt, der schon auf war, einen Fall, daß alle Fenster zitterten, und der Perpendikel an der Wanduhr sich in die Ruhe stellte. Als er aber geschwind, mit dem Licht und dem Hauptschlüssel hinaufgeeilt war, ob ein Unglück sich zugetragen habe, denn er kannte seinen Roten, lagen beide miteinander ringend auf dem Boden, und schrieen Zeter Mordio um Hülfe. Da lächelte der Wirt in seiner Art, als ob er sagen wollte, der Rote hat gut gewirkt. Die beiden aber schauten einander mit Verwunderung und Staunen an. »Ich glaube gar, du bist es selbst Anton«, sagte der Herr. – »So, seid nur ihr es gewesen«, erwiderte der Diener, und legten sich wieder, ein jeder in sein Bett, worein er gehörte.

Valery Larbaud

Aus dem Tagebuch eines Milliadärs

Florenz, 30. April 19.. Sonntag

Seit einigen Tagen stehe ich um fünf Uhr nachmittags auf. Ich bade, ziehe mich gegen sechs Uhr an und trinke im Albion Kaffee. Um acht Uhr esse ich noch mal ein wenig, und von neun Uhr an bin ich in meiner Loge im Savonarola. Der Lärm dort tut mir gut. Gegen ein Uhr bin ich wieder im Carlton, voll der schönsten Träume. Bis zum Morgen dichte ich, das heißt ich mache Entwürfe zu Gedichten (freie Rhythmen, »Entleerungen« will ich sie betiteln, dann glaubt Cartuyvels, sie seien nicht ernst gemeint). Ich will nun mal nicht von vernünftigen und klugen Leuten vom Schlage eines Cartuyvels ernst genommen werden.

Wenn er wüßte, wie ich jetzt lebe, würde er zu mir sagen: »Sie behaupten, ein Dichter zu sein, und verachten den Tag des lieben Gottes?«

»Nein, nein, ich liebe den Tag so, daß ich die ganze Nacht auf ihn warte.«

Ich habe dasselbe Empfinden wie in meiner Kindheit: ein Gefühl der Überlegenheit denen gegenüber, die die ganze Nacht geschlafen haben. Ich sagte zu der alten Lola und den Dienern des Hauses:

»Ja, ihr habt euch ausgeruht, ich aber habe gesehen.«

»Lieber Gott! Was haben sie in der Dunkelheit gesehen?«

Hierauf fand ich keine Antwort. Ich hatte so viel gesehen, so viel Schönes. Ich hatte zwanzig Feldschlachten geschlagen gegen den Schlaf, gegen die Sitte, die verlangt, daß man während der Nacht schläft, gegen alle Ideen und Prinzipien meiner Eltern, der Diener und der andern gewöhnlichen Menschen. Und ich war Sieger; ich konnte meinen zu heißen Kopf an den kühlen Busen der Morgenröte legen.

Aber ich vernachlässige doch sehr dieses Tagebuch.

Jeden Abend, wenn die Vorstellung im Savonarola zu Ende ist, treffe ich mit »Herzenswunsch« zusammen, und oft essen wir in meinen Gemächern im Carlton. Ich fühle, daß ich ohne Schwierigkeiten die letzte Gunst von ihr erhielte. Aber ... Sie verschafft mir wenigstens die Freude, sie beim Essen zu betrachten. Eine hübsche Frau in ausgeschnittenem Kleid, die mit gutem Appetit saftiges Fleisch ißt, ist immer ein reizender Anblick.

Alle diese Tage, das heißt diese Nächte werden in meinem Gedächtnis immer eng mit der Krise eines Malherbischen Enthusiasmus verbunden bleiben, die ich augenblicklich durchmache. Die Strophen der großen Oden passen so gut zu der toskanischen Landschaft, die so sehr der Provence gleicht, in der Malherbe lange lebte. Der Verfasser, den man den *Père Luxure* nannte, gefällt mir besonders; wie stolz war er auf seine Syphilis; mit welchen Keulenworten zerschlug er die affektierte Begeisterung seiner Jünger; welch hochmütigen Schutz gewährte er dem gesunden Menschenverstand, er, der sich von allem gelöst hatte; und wie verachtete er, der Vater der modernen Poesie, seine Kunst. Der edle Mensch! Der gute Arbeiter, der sich an den Ufern der Seine aus Versen seinen

Louvre baute. Er, der große Künstler, der Frankreich schön gemacht. Wenn ich seinen Namen ausspreche, durchrieseln mich ehrfurchtsvolle Schauder, mich, der ich ein Fremder bin, der ich mir einfallen lasse, nach ihm noch französisch zu schreiben, nach allem, was er für mich tat. Und welche Ohrfeige versetzt das geringste seiner Worte, mit dem er sich selbst verspottet, den kleinen Propheten und Erlösern der Gegenwart!

Wieder einmal habe ich das Dunkel besiegt, habe die tiefe Nacht durchschritten und (ich spreche hier mit Malherbe):

Und vor mir färbt sich schon das Land
mit dem Safran, den der Tag mitbringt
aus dem Meere.

Nikolaj Gogol

Im Schlaf vergeht die Reise

Was für ein seltsam lockender und erhebender Zauber steckt doch in dem Wort »Landstraße«! Und wie wunderbar ist sie selber, diese Straße! Klares Wetter, herbstliches Laub, kühle Luft ... fester wickeln wir uns in den Reisemantel, ziehen die Mütze über die Ohren, tiefer und wohliger drücken wir uns in die Wagenecke. Noch einmal läuft uns ein Kälteschauer über den Rücken – dann umfängt uns behagliche Wärme. Die Pferde fliegen nur so dahin ... Wie ein Verführer stiehlt sich der Schlummer heran, die Augen fallen zu, im Halbschlaf glaubst du das Lied vom weißen Schnee, das Schnauben der Pferde, das Rollen der Räder zu hören, und schon schnarchst du und drängst im Schlaf deinen Nachbarn immer mehr zur Seite. Bist du wieder erwacht – liegen fünf Poststationen hinter dir, der Mond steht am Himmel, du passierst eine unbekannte Stadt und kommst an Kirchen mit altertümlichen, hölzernen Kuppeln und geschwärzten Turmspitzen, an dunklen, aus Balken zusammengefügten Häusern und weißen Steingebäuden vorüber. Und überall breite Streifen flimmernden Mondlichts: es ist, als wären weiße Leintücher über die Mauern gehängt und über das Pflaster und die Straßen gebreitet, und schräg legen sich kohlschwarze Schlagschatten darüber. Wie funkelndes Metall glitzern die mondbelichteten Schindeldächer. Nirgends eine Menschenseele zu sehen. Alles schläft. Nur hie und da blinkt einsam ein Lichtlein in einem Fenster: ist es ein Kleinbürger, der seine Schuhe flickt, oder ein Bäcker, der sich an seinem Ofen zu schaffen macht? Aber gleichviel – was ist das doch für eine herrliche Nacht, die ihr, himmlische Mächte, von oben herabgesandt habt! Welch eine klare und klingende Luft, welch ein ferner, hoher Himmel, der sich in seiner unausschöpfbaren Tiefe über uns wölbt! Kalt weht dir der Atem der Nacht in die Augen und schläfert dich ein. Schon schlummerst du wieder, vergißt dich selbst und schnarchst.

Und ärgerlich rührt sich dein armer Reisegefährte von neuem, von deinem Körpergewicht bedroht und abermals in die Ecke gezwängt.

Wenn du wiederum aufwachst, hast du nichts vor dir als Felder, öde Steppe und Kilometerpfähle, die an dir vorüberzufliegen scheinen. Der Morgen dämmert. Am kalten, erblassenden Horizont zeigt sich ein mattgoldener Streifen. Frischer und schärfer bläst der Wind. Du wickelst dich fester in deinen warmen Mantel ... Welche köstliche Kälte! Wie wunderbar umfängt dich von neuem der Schlummer! Ein Stoß – und abermals bist du erwacht. Die Sonne steht jetzt hoch am Himmel. »Langsam! Langsam!« warnt eine Stimme. Der Wagen rollt einen steilen Abhang hinunter. Unten liegt eine Fähre bereit. Ein breites, klares Gewässer, das wie eine kupferne Scheibe in der Sonne glänzt. Ein Dorf, dessen Hütten über die Hänge verstreut sind. Wie ein Stern blitzt das Kreuz der ein wenig abseits liegenden Dorfkirche. Stimmengewirr schwatzender Bauern und ein Heißhunger, der sich stürmisch bemerkbar macht ... Ach mein Gott, wie schön kann doch manchmal so eine Reise auf der Poststraße sein! Wie oft habe ich schon, einem Ertrinkenden gleich, nach ihr gegriffen und jedesmal noch hat sie mich großmütig errettet. Und geradeso auf der Reise: wieviel wunderbare, dichterische Träume wurden da nicht geboren, wieviel unvergeßliche Eindrücke habe ich nicht unterwegs erlebt ...

Die faule Tochter

Ein tschechisches Volksmärchen

Es war einmal eine Mutter, die hatte eine faule Tochter. Ihr wißt, ein Faulpelz in der Hütte ist wie Gottes Holz im Wald; er tut nichts, ißt nur und schläft.

Die Mutter ärgerte sich, sie hatte Arbeit genug, und die Tochter wälzte sich im Bett. Einmal, als sie nicht einmal die Stube kehren wollte, erwischte die Mutter den Besen und watschte sie so, daß ihre Wangen rot wurden, als wären sie angemalt.

Da fuhr gerade ein Herr in der Kutsche vorüber.

Als der nun sah, wie die Mutter hier am Werk war, hielt er an und sagt: »Ihr seid mir eine feine Mutter, da schlagt Ihr so eine große Tochter! Was hat sie Euch denn Böses angetan?«

Die Mutter hörte damit auf und erklärte dem Herrn: »Wißt Ihr, Herr«, sagt sie, »wißt

Ihr, was es heißt, ein faules Luder unter dem Dach zu haben? Denn sie tut nichts, sitzt nur den ganzen Tag da und spinnt!«

Die Tochter verstand aber nicht einmal ein Spinnrad anzuschauen.

Der Herr schüttelte den Kopf: »Liebe Mutter«, sagt er, »so eine Tochter sollte man Euch mit Gold bezahlen, wenn sie soviel Arbeit schafft! Gebt sie mir, ich nehme sie; sie braucht bei mir nichts zu tun als nur den ganzen Tag zu spinnen und das Geld für das Gesponnene aufzuheben!«

Und die Mutter sagt ja, sie freute sich, daß ihr Faulpelz endlich aus dem Haus kommt, sie machte rasch eine Truhe zurecht, trug das Spinnrad und die Kunkel herunter, legte in die Truhe noch fünfzehn Garnsträhne hinein und schaffte sie so gut ausgestattet aus dem Haus.

So war denn die Tochter den ersten Tag bei dem Herrn. Den Tag über machte sie sich allerhand zu schaffen, dann kochte sie das Abendessen, und als der Herr kam, zeigte sie ihm fünf Strähne, die sie von der Mutter in der Truhe gehabt hatte. Der Herr glaubte wirklich, sie hätte die gesponnen, freute sich, daß er so eine fleißige Frau hat und lobte sie noch und noch.

Und als er am andern Tag heimkehrte, kam sie und brachte sechs neue Strähne. Der Herr war vor Freude ganz weg; er wunderte sich, daß sie sich so beeilt und an einem Tag so viel geschafft hatte, und es kam ihm gar nicht in den Sinn, daß das gar nicht ihre Arbeit sein könnte.

Aber es kam der dritte Tag, und die Frau war betrübt.

In der Truhe waren alles in allem nur mehr die letzten vier Strähne von der Mutter, und sie wußte, der Mann würde abends nicht zufrieden sein.

Wie sie so sitzt und alles mögliche überlegt, faßt jemand nach der Türklinke, und es kommt ein altes Weib herein, eine Bettlerin. Sie sieht die junge Frau, die nahe daran ist zu weinen. Das alte Weib sagt zu ihr: »Frau, was ist Euch denn zugestoßen?«

Die Frau wollte lange nichts sagen, aber dann erzählte sie der Alten, was und wie und bat sie um einen Rat. Die Alte sagt: »Mädchen, fürchte dich nicht, wir werden deinen Mann schon überlisten. Laß mich nur dableiben, gib mir das Spinnrad, und am Abend, wenn der Deine hier ist, dann frag mich, warum ich so große Augen habe, so große Lippen und so breitgelatschte Füße. Du wirst sehen, es wird gutgehen!«

Es ging gegen Abend zu, der Mann kam, und die Frau brachte ihm die letzten vier Strähne und sagt, daß sie nicht mehr schaffen konnte, sie hatte zuviel Arbeit. Sie sagte auch, daß sie ein altes Mütterchen ins Haus genommen habe, damit ihr die Arbeit besser von der Hand geht.

Der Herr sagte nichts, aber er war mürrisch.

Auf einmal sagt die Junge zu der Alten so nebenbei: »Hört, Mütterchen, warum habt ihr so große Augen?«

Die Alte antwortet: »Weil ich das ganze Jahr gesponnen und nichts anderes getan habe, immer habe ich nur darauf gestarrt, und so sind mir die Augen so sehr herausgequollen.«

Der Herr schaute das alte Weib an, schwieg aber.

Nach einer kleinen Weile sagt die Junge wieder: »Und hört doch, Mütterchen, warum habt ihr so große Lippen?«

»Weil ich das ganze Jahr gesponnen habe«, sagte die Alte, »da mußte ich immerzu den Faden lecken, und dabei habe ich sie so groß geleckt.«

Der Herr sprang auf, machte ein Gesicht wie lauter Gewitterwolken, aber er sagte noch gar nichts.

Und nach einer Weile sagt die Frau zur Alten: »Hört, Mütterchen, ich wüßte gern, warum ihr so breitgelatschte Füße habt?«

Die Alte wackelt mit dem Kopf: »Weil ich das ganze Jahr gesponnen habe«, sagt sie, »nichts anderes habe ich getan, nur immerzu das Spinnrad getreten, und dabei habe ich sie mir breitgelatscht!«

Als sie zu Ende gesprochen hatte, packte der Herr das Spinnrad und die Kunkel, machte die Ofentür auf, und ehe sie sich besannen – schwupps – hinein mit allem, daß es im Ofen prasselte.

»Wieso«, sagte der Herr, »habe ich es denn nötig, daß meine Frau hervorgequollene Augen, Lippen dick wie Spindeln und breitgelatschte Füße hat? Von heute an rührst du ja kein Spinnrad mehr an! Du kannst ja meinetwegen nähen, das ja!«

Und die faule Tochter hatte es ihr ganzes Leben lang gut.

Iwan Gontscharow

Oblomow

Ilja Iljitsch wachte gegen seine Gewohnheit sehr früh, um acht Uhr, auf. Er war durch irgend etwas sehr in Anspruch genommen. Auf seinem Gesicht drückten sich abwechselnd bald Angst, bald Traurigkeit, bald Ärger aus. Man sah, daß in seinem Innern sich ein Kampf abspielte und daß der Verstand ihm noch nicht zu Hilfe gekommen war.

Oblomow hatte nämlich am vorhergehenden Tage einen unangenehmen Brief von seinem Dorfschulzen erhalten. Man kann sich denken, von was für Unannehmlichkeiten ein Dorfschulze schreiben kann: von Mißernte, Zahlungsrückständen, Verringerungen der Einnahmen usw. Obwohl der Dorfschulze im vorigen und vorvorigen Jahre seinem Herrn genau ebensolche Briefe geschrieben hatte, wirkte dieser letzte Brief ebenso stark wie jede unangenehme Überraschung.

War es denn auch etwas Leichtes? Galt es doch, über die Wege zur Anwendung irgendwelcher Maßregeln nachzudenken. Übrigens muß man der Aufmerksamkeit, die Ilja Iljitsch seinen Geschäften entgegenbrachte, Gerechtigkeit widerfahren lassen. Er hatte unmittelbar nach dem ersten unangenehmen Brief seines Dorfschulzen vor ein paar Jahren damit begonnen, im Geiste den Plan verschiedener Änderungen und Verbesserungen in der Verwaltung seines Gutes auszuarbeiten. In diesem Plane wurden verschiedene neue ökonomische, polizeiliche und noch andere Maßregeln in Aussicht gestellt. Doch der Plan war noch lange nicht ganz ausgearbeitet, und die unangenehmen Briefe des Dorfschulzen wiederholten sich alljährlich, trieben ihn zur Tätigkeit an und störten folglich seine Ruhe. Oblomow erkannte die Notwendigkeit, etwas Entscheidendes zu beginnen.

Er hatte sich gleich beim Erwachen vorgenommen, aufzustehen, sich zu waschen und, nachdem er Tee getrunken haben würde, gründlich nachzudenken, manches in Erwägung zu ziehen, zu notieren, sich überhaupt der Sache ganz zu widmen. Er lag eine halbe Stunde lang da und quälte sich mit diesem Vorsatze ab; doch dann überlegte er sich, daß er dies alles auch nach dem Frühstück tun konnte, und daß er den Tee, wie immer, liegend trinken könnte, um so mehr, als diese Stellung zum Nachdenken nicht minder geeignet war. So tat er denn auch. Nach dem Tee aber richtete er sich auf seinem Lager auf und wäre beinahe aufgestanden; ja, er hatte sogar begonnen, auf die Pantoffeln blickend, den einen Fuß vom Bette zu ihnen hinabgleiten zu lassen; doch gleich darauf zog er ihn wieder zurück.

Es schlug halb zehn, Ilja Iljitsch raffte sich auf.

»Was soll denn das, wahrhaftig!« sagte er laut und ärgerlich. »Man muß doch ein Gewissen haben; es ist Zeit, mit der Arbeit zu beginnen! Wenn man sich gehen läßt, so ...«

»Sachar!« rief er.

In dem Zimmer, das nur durch einen kleinen Korridor von Ilja Iljitschs Arbeitszimmer getrennt war, hörte man zuerst etwas wie das Brummen eines Kettenhundes und dann das Geräusch von irgendwo herabspringender Füße. Das war Sachar, der von der Ofenbank herabsprang, auf welcher er gewöhnlich seine Zeit, vor sich hindösend, verbrachte.

Ins Zimmer trat ein älterer Mann in einem grauen Rock, mit einem Loch unter dem Arm und einem daraus hervorschauenden Hemdzipfel, in einer grauen Weste mit Messingknöpfen, mit einem Schädel, nackt wie ein Knie, und einem breiten, dichten, dunkelblond und grau melierten Backenbart, dessen jede Hälfte für drei Bärte ausgereicht haben würde.

Sachar machte keine Versuche, das ihm von Gott verliehene Äußere, auch die von ihm im Dorf getragene Kleidung zu ändern. Seine Anzüge wurden ihm nach dem Modell, das er sich aus dem Dorfe mitgebracht hatte, genäht. Der graue Rock und die Weste gefielen ihm auch darum, weil er in dieser halbmilitärischen Kleidung eine schwache Erinnerung an die Livree sah, die er einst trug, als er die verstorbenen Herrschaften in die Kirchen oder bei Visiten begleitete; die Livree aber war in seiner Erinnerung das einzige Symbol der Würde des Hauses Oblomow. Nichts sonst erinnerte den Alten mehr an das wohlige, ruhige, herrschaftliche Leben im entlegenen Dorfe. Die alten Herrschaften waren gestorben, die Familienporträts waren zu Hause geblieben und lagen wohl irgendwo auf dem Dachboden herum; die Überlieferung von der alten Lebensweise und der Vornehmheit der Familie verschwand mit der Zeit oder lebte nur in der Erinnerung weniger im Dorf zurückgebliebener Greise. Darum war der graue Rock Sachar so teuer; darin, wie auch in einigen im Gesichte und in den Manieren des Herrn erhaltenen Merkmalen, die an seine Eltern erinnerten, und in seinen Launen, über die er zwar im Geiste und laut brummte, die er aber in seinem Innern als die Äußerung des herrschaftlichen Willens und Rechtes achtete, sah er schwache Überreste der dahingeschwundenen Majestät. Das Haus Oblomow war einst reich und in seiner Heimat berühmt gewesen; doch dann verarmte es, Gott weiß weshalb, verkümmerte und verlor sich endlich unmerklich unter den jüngeren Adelsgeschlechtern.

Nur die ergrauten Diener des Hauses verwahrten und übergaben einander das treue Angedenken an die Vergangenheit, das sie wie ein Heiligtum hochhielten. – Darum liebte Sachar so seinen grauen Rock. Vielleicht war ihm auch sein Backenbart darum so teuer, weil er in seiner Kindheit viele alte Diener mit dieser altertümlichen, aristokratischen Barttracht gesehen hatte.

In seine Gedanken versunken, bemerkte Ilja Iljitsch Sachar lange Zeit nicht. Sachar stand schweigend vor ihm. Endlich räusperte er sich.

»Was hast du?« fragte Ilja Iljitsch.

»Sie haben mich doch gerufen!«

»Ich habe dich gerufen? Warum habe ich dich denn gerufen - ich weiß es nicht mehr!« antwortete er und streckte sich. – »Geh vorläufig in dein Zimmer, ich werde mich schon erinnern.«

Sachar ging, und Ilja Iljitsch blieb liegen und dachte weiter über den verfluchten Brief nach.

Es verging eine Viertelstunde.

»Nun ist genug gelegen«, sagte er; »es muß aufgestanden werden ... Ich werde also den

Brief des Dorfschulzen noch einmal aufmerksam durchlesen und dann aufstehen. Sachar!«

Wieder derselbe Sprung und ein heftigeres Brummen. Sachar kam herein, und Oblomow versenkte sich wieder in seine Gedanken. Sachar blieb etwa zwei Minuten stehen, indem er den Herrn ungnädig ein wenig von der Seite anblickte, und trat endlich zur Türe.

»Wohin denn?« fragte plötzlich Oblomow.

»Sie sagen mir nichts, warum soll ich denn unnütz dastehen?« krächzte Sachar in Ermangelung einer anderen Stimme, die er, wie er sagte, als er mit dem alten Herrn auf die Jagd fuhr und ihm ein heftiger Wind in den Hals blies, verloren hatte. Er stand halb abgewendet in der Mitte des Zimmers und blickte Oblomow immer noch von der Seite an.

»Fallen dir denn deine Füße ab, wenn du stehenbleibst? Du siehst, ich habe Sorgen – warte also! Hast du etwa zu wenig gelegen? Suche den Brief, den ich gestern vom Dorfschulzen bekommen habe. Wo hast du ihn hingetan?« »Was für einen Brief? Ich habe keinen Brief gesehen«, sagte Sachar.

»Du hast ihn ja selbst dem Briefträger abgenommen, es war ein ganz schmutziger Brief.«

»Woher soll ich wissen, wo Sie ihn hingelegt haben?« sprach Sachar, über die Papiere und die verschiedenen auf dem Tische liegenden Sachen mit der Hand fahrend.

»Du weißt nie etwas. Schau dort im Korb nach! Oder ist er vielleicht hinter das Sofa gefallen? Die Lehne da am Sofa ist noch immer nicht repariert; warum holst du nicht den Tischler und läßt es machen? Du hast sie zerbrochen.«

»Ich hab' sie nicht zerbrochen«, antwortete Sachar; »sie ist von selbst zerbrochen; sie kann nicht ewig halten, sie muß auch einmal zerbrechen.«

Ilja Iljitsch hielt es nicht für notwendig das Gegenteil zu beweisen.

»Hast du ihn schon gefunden?« fragte er nur.

»Hier sind die Briefe.«

»Das sind andere.«

»Dann gibt's keine mehr«, antwortete Sachar.

»Also gut, geh!« sagte Ilja Iljitsch ungeduldig; »ich werde aufstehen und ihn selbst suchen.«

Sachar ging in sein Zimmer; doch in dem Augenblick, da er sich mit den Händen gegen die Ofenbank stemmte, um hinaufzuspringen, hörte er wieder die eiligen Rufe: »Sachar, Sachar!«

»Ach du mein Gott!« brummte Sachar, sich wieder ins Arbeitszimmer begebend; »was das für eine Qual ist! Wenn doch mein Tod bald käme!«

»Was wollen Sie?« sagte er, sich mit der einen Hand an der Zimmertür haltend, und blickte Oblomow zum Zeichen seiner Ungnade so sehr von der Seite an, daß er ihn nur mit dem halben Auge zu sehen bekam, während sein Herr schon die eine ungeheure Backenbarthälfte sah, welche erwarten ließ, es würden zwei, drei Vögel aus ihr herausfliegen.

»Das Taschentuch, geschwind! Das könntest du auch selbst wissen; hast du denn keine Augen!« bemerkte Ilja Iljitsch streng.

Sachar äußerte keine besondere Unzufriedenheit oder Verwunderung bei diesem Befehl und Vorwurf des Herrn, da er wohl von seinem Standpunkte aus beides sehr natürlich fand.

»Wer weiß, wo das Taschentuch ist!« brummte er, indem er eine Runde durch das Zimmer machte und jeden Stuhl betastete, obgleich man auch so sehen konnte, daß auf den Stühlen nichts lag.

»Sie verlieren alles!« bemerkte er, die Tür in den Salon öffnend, um nachzusehen, ob das Gesuchte sich nicht dort befand.

»Wohin? Suche hier; ich war seit vorgestern nicht drin. So beeile dich doch!« sagte Ilja Iljitsch.

»Wo ist das Taschentuch?« – »Das Taschentuch ist nicht da!« erwiderte Sachar achselzuckend und in alle Winkel blickend. »Da ist es ja«, krächzte er plötzlich zornig; »unter Ihnen! Da schaut ein Zipfel heraus. Sie liegen selbst auf dem Taschentuch und fragen danach!«

Und Sachar wandte sich, ohne eine Antwort abzuwarten, der Tür zu. Oblomow war ein wenig verlegen geworden. Er fand schnell einen neuen Vorwand, Sachar im Unrecht erscheinen zu lassen.

»Wie rein du hier alles hältst! Mein Gott,

wie schmutzig und staubig es ist! Da, da, schau mal in die Ecken hinein - du tust gar nichts!«

»Ich tu' nichts ...« begann Sachar mit gekränkter Stimme, »ich gebe mir so viel Mühe, mir ist es um mein Leben nicht zu schade, ich staube ab und fege fast jeden Tag ...«

Er zeigte auf die Mitte des Fußbodens und auf den Tisch hin, an dem Oblomow zu Mittag aß.

»Da, da« sagte er. »Alles ist ausgefegt und zusammengeräumt, wie zu einer Hochzeit ... Was wollen Sie noch?«

»Und was ist das?« unterbrach ihn Ilja Iljitsch, auf die Wände und an den Plafond zeigend, »und das? und das?«

Er wies auf das seit gestern herumliegende Handtuch und auf den auf dem Tisch vergessenen Teller, worauf eine Brotschnitte lag.

»Nun gut, das werde ich abräumen«, sagte Sachar herablassend und nahm den Teller.

»Nur das! Und der Staub an den Wänden und das Spinngewebe?« fragte Oblomow.

»Das räume ich zu Ostern zusammen; dann putze ich die Heiligenbilder und nehme das Spinngewebe herab ...«

»Und wann staubst du die Bücher und die anderen Bilder ab? ...«

»Das mache ich vor Weihnachten: dann schaue ich mit Anissja alle Schränke durch. Wann soll ich denn jetzt zusammenräumen? Sie sitzen doch immer zu Hause.«

»Ich gehe manchmal ins Theater und auf Besuch; dann ...«

»Wie kann man denn bei Nacht zusammenräumen!«

Oblomow blickte ihn vorwurfsvoll an, schüttelte den Kopf und seufzte, während Sachar gleichgültig durch das Fenster blickte und gleichfalls seufzte. Der Herr schien zu denken: Bruder, in dir steckt ja noch mehr von einem Oblomow als in mir selbst, und Sachar dachte fast: du lügst! Du kannst hochtrabende und rührende Worte sagen; aber der Staub und das Spinngewebe kümmern dich im Grunde gar nicht.

»Verstehst du«, sagte Ilja Iljitsch, »daß durch den Staub Motten entstehen? Ich sehe manchmal sogar eine Wanze an der Wand!«

»Ich habe auch Flöhe!« erwiderte Sachar gleichgültig.

»Ist denn das schön? Das ist ja Schmutz!«

Sachar schmunzelte über das ganze Gesicht, so daß das Grinsen selbst die Brauen und den Backenbart erfaßte, der sich seitwärts auseinanderschob, und ein roter Fleck sich über das ganze Gesicht vom Hals bis auf die Stirn hinauf ausdehnte.

»Ist es denn meine Schuld, daß es auf der Welt Wanzen gibt?« sagte er mit naivem Erstaunen; »hab' denn ich sie ausgedacht?«

»Das kommt durch die Unreinlichkeit«, unterbrach ihn Oblomow. «Was denkst du dir nur immer aus?«

»Ich habe auch die Unreinlichkeit nicht ausgedacht.«

»Bei dir laufen in der Nacht Mäuse herum, ich höre es.«

»Ich habe auch die Mäuse nicht ausgedacht. Solche Geschöpfe, wie Mäuse, Katzen und Wanzen, gibt es überall viel.«

»Warum gibt es denn bei anderen Leuten weder Motten noch Wanzen?«

Sachars Gesicht drückte Ungläubigkeit oder besser gesagt ruhige Zuversicht aus, daß so etwas nicht vorkommen könne.

»Bei mir gibt's immer viel davon«, sagte er eigensinnig, »man kann nicht auf jede Wanze aufpassen, man kann ihr in ihre Ritze nicht nachkriechen.«

Und dabei dachte er wohl im stillen: Was wäre das auch für ein Schlafen ohne Wanzen?

»Fege aus, nimm den Mist aus den Winkeln heraus, dann wird nichts da sein«, belehrte ihn Oblomow.

»Man räumt auf, und morgen ist alles wieder voll«, sagte Sachar.

»Es wird nicht voll sein«, unterbrach ihn der Herr, »das darf nicht sein.«

»Es wird voll sein, ich weiß es«, gab der Diener nicht nach.

»Und wenn es so ist, dann fege wieder aus!«

»Was? Ich soll jeden Tag in alle Winkel hineinschauen?« fragte Sachar, »was ist denn das für ein Leben? Dann soll Gott lieber meine Seele holen!«

»Warum ist denn bei andern Leuten rein?« entgegnete Oblomov. »Schau mal zum Klavierstimmer vis-à-vis hinüber: Es ist eine Freude, das zu sehen, und sie haben nur ein einziges Mädchen ...«

»Und wo sollen diese Deutschen auch Mist hernehmen?« erwiderte plötzlich Sachar. »Schauen sie sich einmal an, wie sie leben! Die ganze Familie nagt die ganze Woche an einem einzigen Knochen. Der Rock geht von der Schulter des Vaters auf den Sohn über und vom Sohn wieder auf den Vater. Die Frau und die Töchter tragen kurze Kleider und verstecken immer ihre Füße wie die Gänse ... Wo sollen sie den Mist hernehmen? Bei ihnen gibt's das nicht, daß ganze Haufen von abgetragenen alten Kleidern jahrelang in den Schränken liegen oder sich im Winter eine ganze Ecke von Brotrinden ansammelt wie bei uns. Sie lassen nicht einmal eine Rinde unnütz herumliegen; sie machen sich daraus Zwieback und essen das zum Bier!«

Sachar spuckte sogar aus, während er von einer so knausrigen Lebensweise sprach.

»Du brauchst mir gar nichts zu erzählen!« antwortete Ilja Iljitsch, »räume lieber auf.«

» Ich würde ja manchmal aufräumen; aber sie lassen es ja selbst nicht dazu kommen,« sagte Sachar.

»Jetzt fängst du wieder damit an! Ich bin immer im Wege!«

»Natürlich ist's so; Sie sitzen immer zu

Hause; wie soll man da aufräumen? Gehen Sie den ganzen Tag fort, dann räume ich auf.«

»Was du dir da ausgedacht hast, ich soll fortgehen! Geh du lieber in dein Zimmer!«

»Nein, wirklich!« Sachar gab nicht nach, »gehen Sie doch heute fort, dann würde ich mit Aniska alles aufräumen. Wir würden aber auch zu zwei nicht fertig werden; man müßte noch Frauen dazunehmen und alles aufwaschen.«

»Aber was das für Einfälle sind! Frauen dazunehmen! Geh in dein Zimmer!« sagte Ilja Ilitsch.

Er bereute schon, mit Sachar dieses Gespräch angefangen zu haben. Er vergaß immer, daß man bei der geringsten Berührung dieses zarten Gegenstandes in endlose Scherereien hineingeriet. Oblomow war ja für die Reinlichkeit; doch er wünschte, daß es unmerklich, von selbst geschehen sollte; Sachar fing aber immer eine lange Diskussion an, sobald man von ihm verlangte, er solle den Staub ausfegen und die Fußböden waschen und so weiter. Er bewies in solchen Fällen die Notwendigkeit eines großen Rummels im Hause, da er sehr gut wußte, daß der bloße Gedanke daran seinem Herrn Entsetzen verursachte.

Sachar ging, und Oblomow versenkte sich in seine Gedanken. Nach ein paar Minuten schlug es wieder halb.

»Was ist das?« sagte Ilja Iljitsch erschrocken, »es ist gleich elf Uhr, und ich bin noch nicht aufgestanden und habe mich noch immer nicht gewaschen? Sachar, Sachar!«

»Ach du mein Gott! Was denn!« tönte es im Vorzimmer, und dann folgte der bekannte Sprung.

»Ist alles zum Waschen bereit?« fragte Oblomow.

»Schon längst!« antwortete Sachar. »Warum stehen Sie nicht auf?«

»Warum sagst du denn nicht, daß alles vorbereitet ist? Ich wäre schon längst aufgestanden. Geh, ich komme gleich nach. Ich habe zu tun, ich muß schreiben.«

Sachar ging hinaus, kam aber nach einer Weile mit einem ganz beschriebenen und fettigen Heft und mit ebensolchen Papierfetzen zurück.

»Da, wenn Sie schreiben werden, haben

Sie die Güte, bei der Gelegenheit auch die Rechnungen durchzusehen; sie müssen bezahlt werden.«

»Was für Rechnungen? Was muß bezahlt werden?« fragte Ilja Iljitsch unzufrieden.

»Vom Fleischer, vom Gemüsehändler, von der Wäscherin, vom Bäcker; alle bitten um Geld.«

»Man hat immer Geldsorgen!« brummte Ilja Iljitsch.

»Warum gibst du mir denn die Rechnungen nicht allmählich, sondern alle auf einmal?«

»Sie haben mich ja immer damit fortgejagt: Ich sollte nur morgen kommen ...«

»Nun, und kann man es denn nicht auch jetzt auf morgen verschieben?«

»Nein! Sie bestehen darauf und geben nichts mehr auf Borg. Heute ist der Erste.«

»Ach!« sagte Oblomow niedergeschlagen, »neue Sorgen! Nun, was stehst du da? Leg's auf den Tisch. Ich werde gleich aufstehen, mich waschen und sie durchsehen. Es ist also alles zum Waschen vorbereitet?«

»Ja!«

»Nun, und jetzt ...«

Er begann sich ächzend auf dem Bette aufzurichten, um aufzustehen.

»Ich habe vergessen, Ihnen zu sagen«, begann Sachar, »vorhin, als Sie noch geschlafen haben, hat der Verwalter den Hausbesorger geschickt. Er sagt, daß wir durchaus ausziehen müssen ... Die Wohnung ist vergeben.«

»Nun also! Wenn sie vergeben ist, werden wir natürlich ausziehen. Warum läßt du mir keine Ruhe? Du sprichst nun schon das dritte Mal davon.«

»Man läßt auch mir keine Ruhe.«

»Sag, daß wir die Wohnung räumen werden.«

»Sie sagen, Sie haben es schon vor einem Monat versprochen, räumen aber noch immer nicht die Wohnung; sie sagen: »Wir werden es der Polizei anzeigen.«

»Sollen sie's anzeigen!« sagte Oblomow entschlossen; »wir räumen die Wohnung von selbst, wenn es wärmer wird, so in drei Wochen.«

»Wieso in drei Wochen! Der Verwalter sagt, daß in zwei Wochen die Arbeiter kommen und alles niederreißen ... er sagt: »Ziehen Sie morgen aus oder übermorgen ...«

»Aber das ist zu schnell morgen! Was ihnen alles einfällt; vielleicht werden sie es sofort befehlen! Untersteh dich nicht, mich an die Wohnung zu erinnern. Ich hab' es dir schon einmal verboten, und du fängst wieder an. Nimm dich in acht.«

»Was soll ich denn tun?« erwiderte Sachar.

»Was du tun sollst? Solche Ausreden gebrauchst du!« antwortete Ilja Iljitsch. »Das fragst du mich! Was geht das mich an? Komm mir nicht damit, sondern richte alles, wie du willst, so ein, daß wir nur nicht ausziehen brauchen. Kannst du das denn nicht für deinen Herrn tun!«

»Wie soll ich's denn einrichten, Väterchen, Ilja Iljjitsch?« begann Sachar mit sanfterem Krächzen, »das Haus gehört ja nicht mir, wie sollte man denn nicht aus einem fremden Hause ausziehen, wenn man fortgejagt wird? Wenn es mein Haus wäre, würde ich mit dem größten Vergnügen ...«

»Kann man sie denn nicht irgendwie überreden? Du weist darauf hin, daß wir schon lange hier wohnen und pünktlich zahlen.«

»Das habe ich schon probiert«, sagte Sachar.

»Was haben sie denn geantwortet?«

»Was sie geantwortet haben? Sie wiederholen immer das eine: »Ziehen Sie aus!« sagen sie, »wir müssen die Wohnung ändern«, sie wollen aus der Doktorwohnung und aus dieser da zur Hochzeit des Hausherrnsohnes eine einzige große Wohnung machen.«

»Ach du mein Gott!« sagte Oblomow ärgerlich, »es gibt solche Esel, welche heiraten!«

Er drehte sich auf den Rücken um.

»Sie sollten an den Hausherrn schreiben, gnädiger Herr«, sagte Sachar, »dann würde er Sie vielleicht in Ruhe lassen und würde zuerst jene Wohnung niederreißen lassen.«

Sachar zeigte dabei mit der Hand irgendwohin nach rechts.

»Nun gut, wenn ich aufgestanden bin, werde ich schreiben ... Geh in dein Zimmer, ich werde darüber nachdenken. Du kannst nichts übernehmen«, fügte er hinzu. »Ich muß mich auch um dieses ekelhafte Zeug selbst kümmern!«

Sachar ging, und Oblomow begann nachzudenken.

Doch er war in Verlegenheit, worüber er

nachdenken sollte: über den Brief des Dorfschulzen, über die Übersiedlung in eine neue Wohnung, oder sollte er mit den Rechnungen beginnen? Der Andrang der Sorgen machte ihn verwirrt und er lag noch immer da, indem er sich von der einen Seite auf die andere wälzte. Man hörte nur ab und zu unzusammenhängende Ausrufe: «Ach du mein Gott! Das Leben macht sich fühlbar, es erreicht einen überall.«

Es ist unbestimmbar, wie lange er noch in dieser Unschlüssigkeit verharrt wäre; jetzt aber ertönte im Vorzimmer ein Läuten.

»Es kommt schon jemand!« sagte Oblomow, sich in den Schlafrock einwickelnd, »und ich bin noch nicht aufgestanden. Das ist eine Schande! Wer kommt denn so früh?«

Und er blieb liegen und blickte neugierig auf die Tür.

Leonardo da Vinci

Der Langschläfer

Einem Langschläfer sagte man, er möge doch aus dem Bette aufstehen, denn die Sonne sei schon längst aufgestanden. Er erwiderte: »Wenn ich eine so große Reise zu tun und so viel vor hätte wie die Sonne, wäre ich auch schon aufgestanden. Aber da ich nur einen so kleinen Weg vor mir habe, bleibe ich noch liegen.«

Quellennachweis

Charles Perrault, Die schlafende Schöne, aus: C.P., Die schlafende Schöne, München 1970

Lin Yutang, Vom Im-Bett-Liegen, aus: L.Y., Weisheit des lächelnden Lebens, Stuttgart 1979

Erich Kästner, Wiegenlied, aus: E.K., Bei Durchsicht meiner Bücher, Berlin 1946. Mit freundlicher Genehmigung von Ulrich Constantin

Ernst Elias Niebergall, Datterich, aus: E.E.N., Datterich, Lokalposse in Darmstädter Mundart, Darmstadt o.J.

Thaddäus Troll, Die Faulheit ist der Humus des Geistes, aus: T.T., Lob der Faulheit, Gütersloh 1955. Mit freundlicher Genehmigung von Susanne Bayer-Ulrici

Franz Dornseif, Kleines Kompendium der Faulheit, aus: Der deutsche Wortschatz, Berlin o.J.

Bram Stoker, Draculas Schlaf, aus: B.St., Dracula, aus dem Englischen von Wulf H. Bergner, München 1979

Ein Lale wollte..., aus: Wundersame Abenteuerliche Unerhörte Geschichten und Taten der Lalen zu Laleburg, Berlin 1972

Gilbert Keith Chesterton, Über das Im-Bett-Liegenbleiben, aus dem Englischen von Martin Müllerott, Freiburg 1963

Brüder Grimm, Der faule Heinz, aus: Grimms Märchen, Zürich o.J.

Novellino, Der müde Erzähler, übertragen von Federico Hindermann, aus: Italienische Erzähler, herausgegeben von Federico Hindermann, Zürich 1991

Johann Peter Hebel, Die Schlafkameraden, aus: J.P.H., Aus dem Schatzkästlein, Stuttgart 1981

Valery Larbaud, Aus dem Tagebuch eines Milliadärs, aus dem Französischen von Georg Goyert, aus: A.O. Barnaboth, München 1962

Nikolaj Gogol, Im Schlaf vergeht die Reise, aus dem Russischen von Fred Ottow, aus: N.G., Die toten Seelen, München 1949

Die faule Tocher, übertragen von Gertrud Oberdorffer, aus: Tschechische Volksmärchen, Düsseldorf und Köln 1969

Iwan Gontscharow, Oblomow, aus dem Russischen von Clara Brauner, aus: I.G., Eine alltägliche Geschichte / Oblomow, Zürich 1960

Leonardo da Vinci, Der Langschläfer, aus: L.d.V., Tagebücher mit Aufzeichnungen, München 1954

Engelhorn Verlag
Stuttgart